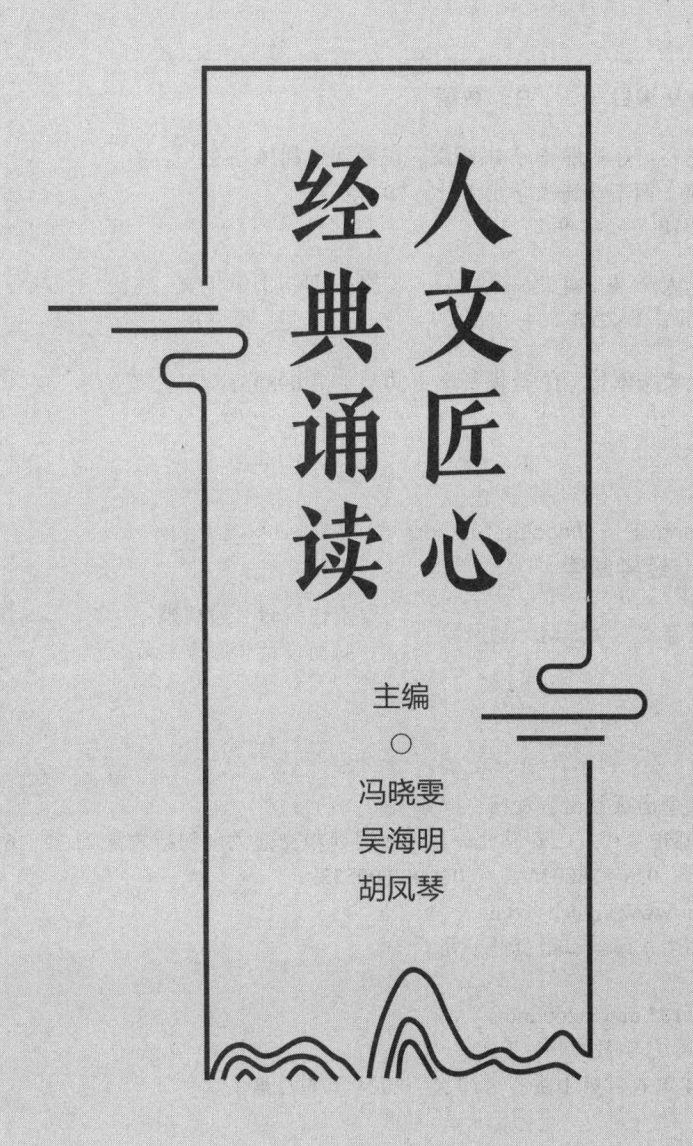

人文匠心
经典诵读

主编
○
冯晓雯
吴海明
胡凤琴

西南交通大学出版社
·成都·

图书在版编目（CIP）数据

人文匠心　经典诵读 / 冯晓雯，吴海明，胡凤琴主编． -- 成都：西南交通大学出版社，2024.6
ISBN 978-7-5643-9827-9

Ⅰ. ①人… Ⅱ. ①冯… ②吴… ③胡… Ⅲ. ①中华文化 – 教材　Ⅳ. ①K203

中国国家版本馆 CIP 数据核字（2024）第 098353 号

Renwen Jiangxin　Jingdian Songdu
人文匠心　经典诵读

主　编 / 冯晓雯　吴海明　胡凤琴　　　责任编辑 / 居碧娟
　　　　　　　　　　　　　　　　　　封面设计 / 原谋书装

西南交通大学出版社出版发行
（四川省成都市金牛区二环路北一段 111 号西南交通大学创新大厦 21 楼　610031）
营销部电话：028-87600564　　028-87600533
网址：http://www.xnjdcbs.com
印刷：成都中永印务有限责任公司

成品尺寸　185 mm×260 mm
印张　9.75　　字数　151 千
版次　2024 年 6 月第 1 版　　印次　2024 年 6 月第 1 次

书号　ISBN 978-7-5643-9827-9
定价　32.00 元

课件咨询电话：028-81435775
图书如有印装质量问题　本社负责退换
版权所有　盗版必究　举报电话：028-87600562

前　言

《易经》曰："观乎天文，以察时变；观乎人文，以化成天下。"文化是一种不凭蛮力、不用刀枪的征服，更是一种春风化雨、随风入夜的滋养。它关乎人的素质、情趣、价值追求、终极关怀、精神家园。

然而，喧嚣的数字时代，以"快""泛""短""浅""碎"为特征的刷屏阅读让大家似乎越来越浮躁，越来越功利。庄子曾云"所好者，道也，进乎技矣"，千技易得，一心难求，对规律尊重，对创造敬畏，一丝不苟、追求卓越的匠心更是难得。为此，我们从灿若星河的中华文化经典中选取了一些较适宜诵读的精粹内容，集结成这本《人文匠心　经典诵读》，希望能借此沃土培育一颗不朽的匠心。

我们相信：但有此心，你可如孔子"发愤忘食，乐以忘忧"，你也可如屈原"亦余心之所善兮，虽九死其犹未悔"；可如李白"仰天大笑出门去"，也可如王安石"虽千万人，吾往矣"；可如孟郊"春风得意马蹄疾"，也可如苏轼"粗缯大布裹生涯，腹有诗书气自华"……

那么，此刻，请静下心来，把书中的文字读给自己的灵魂听，将每一字每一句融进自己的骨血，让自己成为有温度、懂情趣、会思考的匠人，能凭一腔豪情追求生命的极致荣光，也能借恬淡达观耐住人生的万种凄凉……

现在的晨读材料大多面向普高学生，适合中职学生的不多。为此，我们编写了这本《人文匠心　经典诵读》，以期对中职语文晨读教材有所补充和强化。

本教材根据中职学生语文基础相对薄弱的情况，从蒙学读物、四书五经、经典诗词等古代经典中精选了一些材料编撰成"四书明志""蒙学修身""诗歌养心""词曲怡情""革命文化"五章，让学生在诵读经典中汲取养分，提升人文修养。

此外，本教材还根据中职学生毕业后直接就业的特点，加入了"附录　职业启航"，精选了大量职场语录，激励学生提升职业素养，帮助学生树立正确的择业观和就业观，从而更好地就业。

本书编写人员如下：胡凤琴（前言、第一章）、冯晓雯（第二章）、沈杭艳（第三章）、李娟（第四章）、叶仁杰（第五章）、姜弘（附录）。

目 录

第一章　四书明志

第一节　论语·学而（节选）／003

第二节　论语·为政（节选）／005

第三节　论语·里仁（节选）／006

第四节　论语·雍也（节选）／008

第五节　论语·述而（节选）／009

第六节　论语·颜渊（节选）／010

第七节　论语·子路（节选）／011

第八节　论语·宪问（节选）／013

第九节　论语·卫灵公（节选）／014

第十节　论语·季氏（节选）／016

第十一节　论语·阳货（节选）／017

第十二节　论语·子张（节选）／018

第十三节　孟子（节选）／019

第十四节　中庸（节选）／022

第十五节　大学（节选）／024

第二章 蒙学修身

第一节 声律启蒙（节选）／031

第二节 三字经（节选）／043

第三节 千字文（节选）／048

第四节 百家姓（节选）／049

第五节 朱子家训（节选）／050

第三章 诗歌养心

第一节 叙事诗／055

孔雀东南飞（节选）／055

琵琶行（节选）／056

第二节 抒情诗／057

子衿／057

关雎（节选）／058

蒹葭（节选）／058

登高／059

行路难／060

第三节 送别诗／061

宣州谢朓楼饯别校书叔云／061

送杜少府之任蜀州／062

赋得古原草送别／063

第四节 边塞诗／064

使至塞上／064

白雪歌送武判官归京／065

从军行七首（节选）／066

第五节　山水田园诗 / 067
　　归园田居（其三） / 067
　　山居秋暝 / 068
　　过故人庄 / 069
第六节　怀古诗 / 070
　　赤壁 / 070
　　蜀相 / 071
第七节　咏物诗 / 072
　　墨梅 / 072
　　石灰吟 / 073
第八节　悼亡诗 / 074
　　沈园二首 / 074
　　离思五首（其四） / 075
第九节　讽喻诗 / 076
　　硕鼠 / 076
　　过华清宫绝句三首（其一） / 077
　　题临安邸 / 078

第四章　词曲怡情

第一节　绮罗香泽花间词 / 081
　　更漏子·玉炉香 / 081
　　菩萨蛮·小山重叠金明灭 / 082
　　菩萨蛮·人人尽说江南好 / 083
　　菩萨蛮·劝君今夜须沉醉 / 084
第二节　恢宏沉雄豪放词 / 085
　　渔家傲·秋思 / 085
　　念奴娇·赤壁怀古 / 086

定风波·莫听穿林打叶声 / 087
　　永遇乐·京口北固亭怀古 / 088
　　水龙吟·登建康赏心亭 / 090
　　诉衷情·当年万里觅封侯 / 092
　　满江红·怒发冲冠 / 093

第三节　含蓄蕴藉婉约词 / 094
　　虞美人·春花秋月何时了 / 094
　　浣溪沙·一曲新词酒一杯 / 095
　　雨霖铃·寒蝉凄切 / 096
　　蝶恋花·庭院深深深几许 / 097
　　一剪梅·红藕香残玉簟秋 / 098
　　声声慢·寻寻觅觅 / 099
　　青玉案·凌波不过横塘路 / 100
　　苏幕遮·燎沉香 / 101

第四节　雅俗共赏品元曲 / 102
　　天净沙·秋思 / 102
　　【正宫】端正好·碧云天 / 103
　　【中吕】山坡羊·潼关怀古 / 104
　　水仙子·夜雨 / 105

第五章　革命文化

第一节　近代先声 / 109
　　黄海舟中日人索句并见日俄战争地图 / 109
　　吊鉴湖秋女士（其一）/ 110
　　出塞 / 111
　　自题小像 / 112
　　感怀 / 113

第二节　烈士悲歌 / 114

　　狱中诗 / 114

　　革命精神歌 / 115

　　就义诗 / 116

　　渡江抒怀 / 117

　　狱中诗 / 118

　　我的"自白书" / 119

　　把牢底坐穿 / 120

第三节　领袖诗词 / 121

　　西江月·秋收起义 / 121

　　西江月·井冈山 / 122

　　清平乐·蒋桂战争 / 123

　　采桑子·重阳 / 124

　　如梦令·元旦 / 125

　　减字木兰花·广昌路上 / 126

　　蝶恋花·从汀州向长沙 / 127

　　渔家傲·反第一次大"围剿" / 128

　　渔家傲·反第二次大"围剿" / 129

　　清平乐·会昌 / 130

　　十六字令三首 / 131

　　忆秦娥·娄山关 / 132

　　七律·长征 / 133

　　清平乐·六盘山 / 134

　　七律·人民解放军占领南京 / 135

附录　职业启航

敬业篇 / 139

奋斗篇／140

理想篇／141

质量篇／142

管理篇／143

理念篇／144

安全篇／145

参考文献／146

第一章 · 四书明志

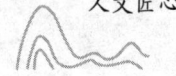

四书即《大学》《中庸》《论语》《孟子》这四部著作的总称，是重要的儒家经典，也是中华文化的宝典。宋代张载说："为天地立心，为生民立命，为往圣继绝学，为万世开太平。"这是中国古代知识分子的文化理想，也是他对儒学精义的概括。四书不仅保存了儒家先哲的思想和智慧，蕴含了儒家思想的核心内容，也在中国思想史上产生了深远的影响。其中有许多优秀的思想精髓，是华夏无数先贤思考、实践的结晶，至今读来，仍不失其深刻的教育意义和启迪价值，堪称源远流长的中华文化精华。时至今日，四书所载内容及哲学思想仍在社会规范、人际交往和社会文化等方面发挥着不可估量的作用，是人类文明宝库中的一颗明珠。

第一节　论语·学而（节选）

> 中国古代的知识分子，如果不读《论语》，那是不可思议的，读《论语》是大丈夫安身立命的根本所在。《论语》在古代是读书人的必读书，今天，要提高我们的文化素养，要了解我们民族的传统文化，要了解儒家思想，《论语》也是必读书。

1. 子曰："学而时习之，不亦说乎？有朋自远方来，不亦乐乎？人不知而不愠，不亦君子乎？"

【释义】

说，同"悦"，高兴。

愠（yùn），恼怒，怨恨。

孔子说："学了，然后时常去复习它，不也高兴吗？有志同道合的人从远方来，不也很快乐吗？人家不了解我，我也不怨恨，不也是君子吗？"

2. 曾子曰："吾日三省（xǐng）吾身：为人谋而不忠乎？与朋友交而不信乎？传（chuán）不习乎？"

【释义】

省：反省。

传：传授。

曾子说："我每天多次自我反省：为别人筹划思虑是不是尽心了呢？与朋友交往是不是诚实呢？老师传授给我的知识是不是复习了呢？"

3．子曰："弟子入则孝，出则弟，谨而信，泛爱众而亲仁。行有余力，则以学文。"

【释义】

孔子说："年轻人在家要孝顺父母，出门便敬重兄长，寡言守信，爱众人并且亲近有仁德的人。这样做了还有余力的话，就再去学习技能。"

4．子曰："君子食无求饱，居无求安，敏于事而慎于言，就有道而正焉，可谓好学也已。"

【释义】

孔子说："君子吃饭不追求饱，居住不追求舒适安逸，做事勤快，说话谨慎，靠近有道德的人来匡正自己的错误，这样就可以说是好学了。"

5．子贡曰："贫而无谄（chǎn），富而无骄，何如？"子曰："可也。未若贫而乐，富而好礼者也。"

【释义】

谄：巴结，奉承。

子贡说："贫穷却不去巴结奉承，富有却不骄傲自大，怎么样？"孔子说："可以。但是不如贫穷却快乐，富裕却好礼。"

6．子曰："不患人之不己知，患不知人也。"

【释义】

孔子说："我不担心别人不了解我，我担心的是自己不了解别人。"

第二节　论语·为政（节选）

1. 子曰："《诗》三百，一言以蔽之，曰：'思无邪'。"

【释义】

孔子说："《诗》三百篇，用一句话来概括它，就是'思想纯正'。"

2. 子曰："吾十有五而志于学，三十而立，四十而不惑，五十而知天命，六十而耳顺，七十而从心所欲，不逾矩。"

【释义】

有：同"又"。

孔子说："我十五岁时就开始立志于学问，三十岁时能自立于世，四十岁时能辨惑解疑，五十岁时懂得了什么是天命，六十岁时能听得进各种不同的意见，到七十岁时就能随心所欲，任何想法都不越出规矩。"

3. 子曰："君子不器。"

【释义】

孔子说："君子不该像器具一样，只有一种用途。"

4. 子曰："由！诲女知之乎！知之为知之，不知为不知，是知（zhì）也。"

【释义】

诲（huì）：教导，教育。

女，同"汝"，你。

知：智慧。

孔子说："仲由！教给你怎样得到知识吧！知道就是知道，不知道就是不知道，这样才能学到真正的知识啊！"

5. 子曰："人而无信，不知其可也。大车无輗（ní），小车无軏（yuè），其何以行之哉？"

【释义】

輗：古代大车车辕前面横木上的木销子。

軏：古代小车车辕前面横木上的木销子。

孔子说："一个人如果不讲信用，真不知道他怎么处世。如同大车没有安横木的輗，小车没有安横木的軏，靠什么走呢？"

第三节　论语·里仁（节选）

1. 子曰："富与贵，是人之所欲也；不以其道得之，不处也。贫与贱，是人之所恶也；不以其道得之，不去也。君子去仁，恶乎成名？君子无终食之间违仁，造次必于是，颠沛必于是。"

【释义】

孔子说："发财和升官，这是人们所盼望的，若不是用正当方法得到的，君子不会接受。贫穷和卑贱，这是人们所厌恶的，若不是用正当的方法摆脱，君子就不会那么做。君子抛弃了仁德，怎么能成就他的名声呢？君子即使吃一顿饭的工夫也不会违背仁德,匆忙仓促时也一定按仁德行事,颠沛流离也一定按仁德做事。"

2. 子曰:"朝闻道,夕死可矣。"

【释义】

孔子说:"早上得知了真理,要我当晚死去也是可以的。"

3. 子曰:"士志于道,而耻恶衣恶食者,未足与议也。"

【释义】

孔子说:"有志于道,却又以自己穿的衣服不好、吃的饭菜不好为耻的人,不值得与他讨论。"

4. 子曰:"见贤思齐焉,见不贤而内自省也。"

【释义】

省:反省。

孔子说:"看见有贤德的人,就该想到要向他看齐,见到没有贤德的人,就该反省自己是否有他那样的错误。"

5. 子曰:"父母之年,不可不知也。一则以喜,一则以惧。"

【释义】

孔子说:"父母的年纪不能不时时记在心里。一方面为他们高寿而高兴,另一方面又因为他们年纪大了而有所忧虑。"

第四节　论语·雍也（节选）

1. 子曰："贤哉，回也！一箪（dān）食，一瓢饮，在陋巷，人不堪其忧，回也不改其乐。贤哉，回也！"

【释义】

箪：古代盛饭的竹制器具。

孔子说："颜回有好品德呀！一箪饭，一瓢水，住在简陋的小巷子里，别人受不了这种忧苦，颜回却不改变他自有的快乐。颜回有多么好的品质啊！"

2. 子曰："孟之反不伐，奔而殿，将入门，策其马，曰：'非敢后也，马不进也。'"

【释义】

孔子说："孟之反不夸耀自己，打仗败退时，他走在最后掩护。即将进城门时，他鞭打着自己的马匹说：'不是我敢于殿后，是马不肯快走的缘故啊！'"

3. 子曰："知者乐水，仁者乐山。知者动，仁者静。知者乐，仁者寿。"

【释义】

知：同"智"。

孔子说："有智慧的人爱水，有仁德的人爱山。有智慧的人好动进取，有仁德的人沉静寡欲。有智慧的人成功常乐，有仁德的人恬淡长寿。"

第五节 论语·述而（节选）

1. 子曰："默而识（zhì）之，学而不厌，诲人不倦，何有于我哉？"

【释义】

识：记。

孔子说："默默记住所学知识，勤奋学习永不满足，耐心教导别人而不倦怠，这三件事我做到了哪些呢？"

2. 子曰："不愤不启，不悱（fěi）不发。举一隅（yú）不以三隅反，则不复也。"

【释义】

悱：想说却表达不出来。

隅：角落。

孔子说："不到学生苦苦思考而仍不理解的时候不去点拨他，不到学生想说却又说不出的时候不去启发他。告诉他一方面，他却不能以此推知其他方面，就不再告诉他第二次了。"

3. 子曰："饭疏食，饮水，曲肱（gōng）而枕之，乐亦在其中矣。不义而富且贵，于我如浮云。"

【释义】

肱：胳膊。

孔子说："吃粗粮，喝冷水，弯起胳膊当枕头，乐趣也在其中了。用不义手段取得的富贵，对我而言就像天上的浮云。"

4. 叶公问孔子于子路，子路不对。子曰："女奚不曰：其为人也，发愤忘食，乐以忘忧，不知老之将至云尔。"

【释义】

女：同"汝"，你。

叶公向子路打听孔子是个怎样的人，子路没有回答。孔子对子路道："你为什么不这样说：他的为人，发愤学习忘记吃饭，自得其乐忘记忧愁，以至于不理会衰老会要到来，如此罢了。"

第六节　论语·颜渊（节选）

1. 仲弓问仁。子曰："出门如见大宾，使民如承大祭。己所不欲，勿施于人。在邦无怨，在家无怨。"仲弓曰："雍虽不敏，请事斯语矣。"

【释义】

仲弓问什么是仁。孔子说："平常出门要像见贵宾一样庄重，役使百姓要像举行重大的祭祀活动。自己不喜欢的，就不强加于别人。在诸侯国中没有人对自己怨恨，在卿大夫封地没有人对自己怨恨。"仲弓说："我虽然不才，也要按先生这番话切实去做。"

2. 子曰："君子成人之美，不成人之恶。小人反是。"

【释义】

孔子说:"君子成全别人的好事,不促成别人的坏事。小人则与此相反。"

3. 子贡问友。子曰:"忠告而善道之,不可则止,毋自辱焉。"

【释义】

子贡问对待朋友的方法。孔子说:"朋友有过失,要尽心尽力劝告他,好好地引导他,他不听从,也就罢了,不要再自找侮辱。"

4. 曾子曰:"君子以文会友,以友辅仁。"

【释义】

曾子说:"君子用文章学问来聚会朋友,用朋友来辅助仁德的修养。"

第七节　论语·子路(节选)

1. 子曰:"其身正,不令而行;其身不正,虽令不从。"

【释义】

孔子说:"统治者自己的品行端正,不用发布命令,百姓也会执行;统治者自己的品行不端正,即使三令五申,百姓也不会信从。"

2. 子夏为莒父(jǔ fǔ)宰,问政。子曰:"无欲速,无见小利。欲速,则不达;见小利,则大事不成。"

【释义】

莒父：鲁国城邑，现在山东莒县一带。

无：不要。

子夏做莒父的总管，问孔子如何为政。孔子说："不要图快，不要顾小利。图快反而却达不到目的；顾小利，就成不了大事。"

3. 子贡问曰："何如斯可谓之士矣？"子曰："行己有耻，使于四方，不辱君命，可谓士矣。"
……

【释义】

子贡问道："怎样才可以叫作士呢？"孔子说："自己行动保持羞耻之心，出使外国，不辜负君主托付的使命，可以说是士了。"
……

4. 子贡问曰："乡人皆好之，何如？"子曰："未可也。"

"乡人皆恶之，何如？"子曰："未可也。不如乡人之善者好之，其不善者恶之。"

【释义】

子贡问孔子说："乡里人都喜欢他，这人怎么样？"孔子说："还不行。"

子贡又问："乡里的人都讨厌他，这人怎么样？"孔子说："还不行。最好的是乡里的好人都喜欢他，乡里的坏人都憎恶他。"

第八节 论语·宪问（节选）

1. 子曰："邦有道，危言危行；邦无道，危行言孙。"

【释义】

孔子说："国家政治清明，言语和行为都可以正直；国家政治黑暗，行为要保持正直但言语要谨慎。"

2. 子曰："古之学者为己，今之学者为人。"

【释义】

孔子说："古代求学的人是为了修养自己的学问道德，今天求学的人是为了装饰自己给别人看。"

3. 子曰："不在其位，不谋其政。"
曾子曰："君子思不出其位。"

【释义】

孔子说："不在那个位置，就不考虑那方面的事情。"
曾子说："君子所考虑的问题应不超过自己的职权范围。"

4. 子曰："君子道者三，我无能焉：仁者不忧，知者不惑，勇者不惧。"子贡曰："夫子自道也。"

【释义】

孔子说:"君子遵循的三个原则,我一条也没有做到:有仁德的人不忧愁,聪明的人不迷惑,勇敢的人没有畏惧。"子贡说:"这恰好是先生对自己的描述呀。"

5. 或曰:"以德报怨,何如?"子曰:"何以报德。以直报怨,以德报德。"

【释义】

有人说:"用恩德来回报怨恨,怎么样?"孔子说:"那又用什么来报答恩德呢?拿公平正直来回报怨恨,拿恩惠来报答恩德。"

第九节 论语·卫灵公(节选)

1. 子曰:"人无远虑,必有近忧。"

【释义】

孔子说:"人没有长远的考虑,必然会有眼前的忧虑。"

2. 子曰:"已矣乎!吾未见好德如好色者也。"

【释义】

孔子说:"罢了呀!我从没见过喜欢德行像喜欢美色的人啊。"

3. 子贡问曰："有一言而可以终身行之者乎？"子曰："其恕乎，己所不欲，勿施于人。"

【释义】

子贡问道："有没有一句话可以终身奉行的呢？"孔子说："那就是恕吧！自己所不想要的也不要施加给别人。"

4. 子曰："巧言乱德，小不忍，则乱大谋。"

【释义】

孔子说："花言巧语会败坏道德。小事上不能忍耐，则会坏了大事。"

5. 子曰："众恶之，必察焉；众好之，必察焉。"

【释义】

孔子说："众人都厌恶他，一定对他加以考察；众人都喜爱他，也一定对他加以考察。"

6. 子曰："道不同，不相为谋。"

【释义】

孔子说："主张不同，不互相商议。"

第十节　论语·季氏（节选）

1. 孔子曰："益者三友，损者三友。友直，友谅，友多闻，益矣。友便辟（pián bì），友善柔，友便佞（pián nìng），损矣。"

【释义】

谅：信，诚实，守信用。

便辟：习于摆架子装样子却心存邪恶。

便佞：善于花言巧语。

孔子说："有益的朋友有三种，有害的朋友有三种。与正直的人交友、与诚信的人交友、与见闻广博的人交友是有益的。与惯于耍弄手腕的人为友，与当面恭维、背后诽谤的人交友，与花言巧语的人交友，是有害的。"

2. 孔子曰："益者三乐，损者三乐。乐节礼乐，乐道人之善，乐多贤友，益矣。乐骄乐，乐佚游，乐晏乐，损矣。"

【释义】

孔子说："有益的快乐有三种，有害的快乐也有三种。喜欢把自己节制在礼乐中，喜欢称道别人的好处，喜欢多交贤友，这就有益了。喜欢骄纵的快乐，喜欢闲逛游荡，喜欢宴饮安逸的快乐，这就有害了。"

3. 孔子曰："侍于君子有三愆（qiān）：言未及之而言谓之躁，言及之而不言谓之隐，未见颜色而言谓之瞽（gǔ）。"

【释义】

愆：过失。

瞽：瞎子。

孔子说："事奉君子有三种容易犯的过失：言语没有涉及他，他就发言了，这是急躁；言语涉及他却不说，是他心里有所隐匿；不看对方脸色就径自说话，是像盲人般。"

4. 孔子曰："君子有三戒：少之时，血气未定，戒之在色；及其壮也，血气方刚，戒之在斗；及其老也，血气既衰，戒之在得。"

【释义】

孔子说："君子有三件事要引以为戒：年少时，性格情绪身体还不成熟，应该戒好色；壮年时，性格情绪身体都成熟了，应该戒好斗；到了老年，情绪身体都已衰弱了，应该戒好贪求。"

第十一节　论语·阳货（节选）

1. 子曰："小子何莫学夫《诗》？《诗》，可以兴，可以观，可以群，可以怨。迩之事父，远之事君。多识于鸟兽草木之名。"

【释义】

孔子说："学生们为何不学习《诗经》呢？《诗经》可以兴发情感，可以懂得博观天地，可以懂得和别人相处，可以懂得讽刺的方法。近处讲可以懂得怎样侍奉父母，远处讲可以懂得如何侍奉君主，而且还能多认识草木鸟兽的名称。"

2．子曰："巧言令色，鲜矣仁。"

【释义】

孔子说："花言巧语，伪装得和颜悦色，这种人是很少有仁德的。"

3．子曰："予欲无言。"子贡曰："子如不言，则小子何述焉？"子曰："天何言哉？四时行焉，百物生焉，天何言哉？"

【释义】

孔子说："我想不再说话了。"子贡说："您要是不说话，那我们还传述什么呢？"孔子说："上天何曾说过什么呢？四季依然运行，万物照样生长，上天何曾说过什么呢？"

第十二节　论语·子张（节选）

1．子张曰："士见危致命，见得思义，祭思敬，丧思哀，其可已矣。"

【释义】

致命：奉献生命。

子张说："士人遇见国家危难，能献出自己的生命；见到有利益可得，能考虑是不是合乎道义；祭祀时能想到恭敬严肃；守丧时能想到悲痛哀伤，这样做就可以了。"

2．子夏曰："仕而优则学，学而优则仕。"

【释义】

优：有余力。

子夏说："做官了，有余力就应该学习；学习了，有余力就可以做官。"

3. 子贡曰："君子之过也，如日月之食焉：过也，人皆见之；更也，人皆仰之。"

【释义】

子贡说："君子有过错，如同日食月食：他犯错，人们都看得见；改正了，人们都仰望着他。"

第十三节　孟子（节选）

> 《孟子》也是以记言为主的语录体散文，但它比《论语》又有明显的发展。《论语》的文字简约、含蓄，《孟子》却有许多长篇大论，气势磅礴，议论尖锐、机智而雄辩。如果说《论语》给人的感觉是仁者的谆谆告诫，那么《孟子》给人的感觉就是侃侃而谈，对后世的散文写作产生了深刻的影响。

1. 老吾老，以及人之老；幼吾幼，以及人之幼。

【释义】

尊敬自己的长辈，从而推及尊敬别人的长辈；爱护自己的儿女，从而推及爱护别人的儿女。

2. 乐民之乐者，民亦乐其乐；忧民之忧者，民亦忧其忧。

【释义】

以人民的快乐为自己快乐的人，人民也会以他的快乐为自己的快乐；以人民忧愁为自己忧愁的人，人民也会以他的忧愁为忧愁。

3. 出于其类，拔乎其萃，自生民以来，未有盛于孔子也。

【释义】

他们产生于这个人群中，但远远超出了他们那一类。自有人类以来，没有比孔子更伟大的人了。

4. 恻隐之心，仁之端也；羞恶之心，义之端也；辞让之心，礼之端也；是非之心，智之端也。人之有是四端也，犹其有四体也。

【释义】

同情之心就是施行仁的开始；羞耻之心就是施行义的开始；推让之心就是施行礼的开始；是非之心就是智的开始。人有这四个开端，就像有四肢一样。

5. 故天将降大任于是人也，必先苦其心志，劳其筋骨，饿其体肤，空乏其身，行拂乱其所为，所以动心忍性，曾益其所不能。

【释义】

所以天将要把重大任务落到这个人身上，一定先要使他的心志痛苦，使他的筋骨劳累，使他的身体饥饿，使他的身子穷困，并且使他的每一行为总是不能如意，借此来使他的内心震动，坚韧他的性情，增加他的才干。

6. 得道者多助,失道者寡助。

【释义】

行仁政的人帮助他的人就多,不行仁政的人帮助他的人就少。

7. 父子有亲,君臣有义,夫妇有别,长幼有序,朋友有信。

【释义】

父子之间要亲爱,君臣之间要有礼义,夫妇之间要有内外之别,老少之间有尊卑之序,朋友之间要有诚信之德。

8. 富贵不能淫,贫贱不能移,威武不能屈,此之谓大丈夫。

【释义】

富贵不能使我的思想迷乱,贫贱不能使我改变志向,威武不能使我节操屈服,这样才称得上大丈夫。

9. 夫人必自侮,然后人侮之;家必自毁,而后人毁之;国必自伐,而后人伐之。

【释义】

人必先有自取侮辱的行为,别人才侮辱他;家必先有自取毁坏的因素,别人才毁坏它;国家必先有自己被攻打的原因,别人才攻打它。

10. 鱼,我所欲也,熊掌亦我所欲也;二者不可得兼,舍鱼而取熊掌者也。生亦我所欲也,义亦我所欲也;二者不可得兼,舍生而取义者也。

【释义】

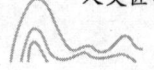

鱼是我想要得到的,熊掌也是我想要得到的,两种东西不能同时拥有,就舍弃鱼去取熊掌。生命是我想要保留的,义也是我想拥有的,如果这两种东西不能同时拥有,就舍弃生命去取得大义。

第十四节 中庸(节选)

> 《中庸》是一篇论述儒家人性修养的散文,原是《礼记》第三十一篇,相传为子思所作,是儒家学说经典论著。经北宋程颢、程颐极力尊崇,南宋朱熹作《中庸集注》,最终和《大学》《论语》《孟子》并称为"四书"。宋、元以后,《中庸》成为学校官定的教科书和科举考试的必读书,对中国古代教育产生了极大的影响。《中庸》提出的"五达道""三达德""慎独自修""至诚尽性"等内容,对为人处事、人格修养有重要影响。

1. 天命之谓性,率性之谓道,修道之谓教。

【释义】

天赋予人的品德叫作"性",遵循事物本性就叫作"道",使人修养遵循道就叫作"教"。

2. 博学之,审问之,慎思之,明辨之,笃行之。

【释义】

广泛地学习知识,详细地询问事物发展的原因,慎重地加以思考,明确地辨别是非,踏实地去实践。

3. 自诚明,谓之性。自明诚,谓之教。诚则明矣,明则诚矣。

【释义】

由于诚恳而明白事理,这叫作天性。由于明白事理而做到诚恳,这叫作教化。真诚就会明白事理,能够明白事理也就能够做到真诚了。

4. 中也者,天下之大本也;和也者,天下之达道也。

【释义】

"中"是天下的大本源,"和"是天下的普遍规律。

5. 君子遵道而行,半涂而废,吾弗能已矣。

【释义】

君子依据中庸之道行事,有的人却半途而废,可是我却不能中途停止。

6. 上不怨天,下不尤人。故君子居易以俟命,小人行险以徼幸。

【释义】

对上不抱怨老天,对下不责怪别人。所以,君子处在安全的地位而等待天命,小人则冒险以期侥幸成功。

7. 好学近乎知，力行近乎仁，知耻近乎勇。

【释义】

好学不倦就接近明智了，努力行善就接近仁义了，知道羞耻就接近勇敢了。

8. 愚而好自用，贱而好自专。

【释义】

愚蠢的人，喜欢凭主观意愿做事，自以为是；卑贱的人，喜欢独断专行。

第十五节　大学（节选）

《大学》是一篇论述儒家修身治国平天下思想的散文，原是《小戴礼记》第四十二篇，相传为曾子所作，实为秦汉时儒家作品，是一部中国古代讨论教育理论的重要著作。经北宋程颢、程颐竭力尊崇，南宋朱熹又作《大学章句》，最终和《中庸》《论语》《孟子》并称"四书"。宋、元以后，《大学》成为学校官定的教科书和科举考试的必读书，对中国古代教育产生了极大的影响。

1. 物有本末，事有终始。知所先后，则近道矣。

【释义】

世上的事物都有本末始终，明确它们的先后次序，那就接近事物发展的规律了。

2. 古之欲明明德于天下者，先治其国；欲治其国者，先齐其家；欲齐其家者，先修其身；欲修其身者，先正其心；欲正其心者，先诚其意；欲诚其意者；先致其知；致知在格物。

【释义】

古代那些想要使光明完美的美德发扬于天下的人，先要治理好自己的国家；想要治理好自己的国家，就先要管理好自己的家庭；想要管理好自己的家庭，就先要修养自己的身心；想要修养自己的身心，就要先端正自己的心志；想要端正自己的心志，就先要使自己真诚；想要使自己真诚，就要丰富自己的知识；丰富知识，就在于深入研究事物的道理。

3. 汤之《盘铭》曰："苟日新，日日新，又日新。"《康诰》曰："作新民。"《诗》曰："周虽旧邦，其命维新。"是故君子无所不用其极。

【释义】

商汤刻在盆上的铭文说："如果能够洗去旧染的污垢，就应保持天天新，一天比一天进步。"《尚书·康诰》中说："激励人弃旧图新。"《诗经》中说："周朝虽然是旧的国家，但却禀受天命，除旧维新。"所以，品德高尚的人无处不追求完善。

4. 富润屋，德润身，心广体胖。

【释义】

有钱的人房间装饰得很华丽，有仁德的人用道德来充实自身，因为心里宽畅，身体自然也安舒了。

5. 君子有大道，必忠信以得之，骄泰以失之。

【释义】

君子有个大原则，就是必须用忠诚信义来争取民心，骄横奢侈就会失去民心。

6. 生财有大道，生之者众，食之者寡，为之者疾，用之者舒，则财恒足矣。

【释义】

创造财富有个大法则：生产的人多，消费的人少，创造得迅速，使用得舒缓，这样国家财富就可以经常保持充足。

7. 君子有诸己而后求诸人；无诸己而后非诸人。所藏乎身不恕，而能喻诸人者，未之有也。

【释义】

君子对于优点，要自己身上拥有以后再去要求别人；对于缺点，要自己身上没有以后再去批评别人。自己身上所拥有的不是恕道，却能够去教导别人的，是从来没有的。

8. 所谓诚其意者，毋自欺也。如恶恶臭，如好好色，此之谓自谦。故君子必慎其独也。

【释义】

使意念诚实的意思是说，不要自己欺骗自己。要像厌恶腐臭的气味一样，要像喜爱美色一样，这就叫意念诚实。所以，品德高尚的人哪怕是在一个人独处的时候，也一定要谨慎。

9. 物格而后知至，知至而后意诚，意诚而后心正，心正而后身修，身修而后家齐，家齐而后国治，国治而后天下平。

【释义】

对事物深入研究以后，知识就丰富；知识丰富以后，意念就诚实；意念诚实以后，心志就能端正；心志端正以后，就能提高自己的修养；提高修养以后，家庭就能管理好；家庭管好以后，国家就能治理好；国家治理好以后，天下就能太平。

10. 为人君，止于仁；为人臣，止于敬；为人子，止于孝；为人父，止于慈；与国人交，止于信。

【释义】

作为君主，就要达到仁爱；作为臣下，就要达到恭敬；作为儿子，就要达到孝顺；作为父亲，就要达到慈爱；与国民交往，就要达到诚信。

11. 君子贤其贤而亲其亲，小人乐其乐而利其利，此以没世不忘也。

【释义】

后代君主受前王感化，尊敬所应尊敬的贤人，亲近所应亲近的亲族，人民享受所得到的快乐，利用所得到的利益，所以前代圣王的功德永远不会被人民忘记。

12. 所谓平天下在治其国者，上老老而民兴孝，上长长而民兴弟，上恤孤而民不倍。

【释义】

之所以说平定天下在于治理好自己的国家，原因就是国君敬重老人，人民就会盛行孝道；国君尊敬长者，人民就会盛行敬长友悌的风气；国君怜抚孤寡，人民就不会做相违背的事。

13. 道得众则得国，失众则失国。

【释义】

就是说得到人民的心，就能得到整个国家；丧失民众的心，就会丧失整个国家。

14. 财聚则民散，财散则民聚。

【释义】

君主聚财敛货，民心就会失散；君主散财于民，民心就会聚在一起。

第二章 · 蒙学修身

何为"蒙学"？《辞源》解释为启蒙之学。蒙学是古代教育的初始。中国古代蒙学教育历史悠久，为了保障蒙学教育的顺利实施，历朝历代都十分重视蒙学读物的编撰，从而衍生出一系列经典蒙学读物，著名的有《三字经》《千字文》《百家姓》等。其句短韵谐，通俗易懂，逻辑清晰，条理分明，读起来朗朗上口。中国古代经典蒙学读物不仅侧重对儿童识字、认物、书写等能力的培养，更侧重对儿童传统伦理道德（礼义廉耻等）的塑造，可以说，蒙学对古人而言，是他们认识世界的开端。一些古代蒙学读物沉淀了数千年的历史，对当代教育仍具有重要的参考意义。

第一节 声律启蒙（节选）

《声律启蒙》是训练儿童应对、掌握声韵格律的启蒙读物，分为上、下卷。按韵分编，包罗天文、地理、花木、鸟兽、人物、器物等的虚实应对。从单字对到双字对、三字对、五字对、七字对、十一字对，声韵协调，琅琅上口，儿童能从中得到语音、词汇、修辞的训练。从单字到多字的层层属对，读起来，如唱歌般，较之其他全用三言、四言句式更见韵味。

上卷

一东

云对雨，雪对风。晚照对晴空。来鸿对去燕，宿鸟对鸣虫。

三尺剑，六钧弓。岭北对江东。人间清暑殿，天上广寒宫。

两岸晓烟杨柳绿，一园春雨杏花红。

两鬓风霜，途次[1]早行之客；一蓑烟雨，溪边晚钓之翁。

沿对革[2]，异对同。白叟对黄童[3]。江风对海雾，牧子对渔翁。

颜巷陋，阮途穷。冀北对辽东。池中濯（zhuó）足水，门外打头风。

梁帝讲经同泰寺，汉皇置酒未央宫。

尘虑[4]萦心，懒抚七弦绿绮；霜华满鬓，羞看百炼青铜。

贫对富，塞对通。野叟对溪童。鬓皤（pó）对眉绿，齿皓对唇红。

天浩浩，日融融。佩剑对弯弓。半溪流水绿，千树落花红。

野渡燕穿杨柳雨，芳池鱼戏芰[5]（jì）荷风。

女子眉纤，额下现一弯新月；男儿气壮，胸中吐万丈长虹。

【注释】

[1] 次：军队临时驻扎，引申为一般的短暂停留。途次，旅途的意思。

[2] 沿：沿袭、遵照原样去做。革：变化、变革。

[3] 黄童：黄口之童，即儿童。

[4] 尘虑：为尘世间琐碎小事的忧虑。

[5] 芰：菱角的一种。两角为菱，四角为芰。

二冬

春对夏，秋对冬。暮鼓对晨钟。观山对玩水，绿竹对苍松。

冯妇虎，叶公龙。舞蝶对鸣蛩（qióng）。衔泥双紫燕，课蜜[1]几黄蜂。

春日园中莺恰恰，秋天塞外雁雍雍[2]。

秦岭云横，迢递八千远路；巫山雨洗，嵯（cuó）峨十二危峰。

明对暗，淡对浓。上智对中庸。镜奁[3]（lián）对衣笥（sì），野杵对村舂。

花灼烁，草蒙茸。九夏对三冬。台高名戏马，斋小号蟠龙。

手擘（bò）蟹螯从毕卓，身披鹤氅（chǎng）自王恭。

五老峰高，秀插云霄如玉笔；三姑石大，响传风雨若金镛[4]。

仁对义，让对恭。禹舜对羲农。雪花对云叶，芍药对芙蓉。

陈后主，汉中宗。绣虎[5]对雕龙。柳塘风淡淡，花圃月浓浓。

春日正宜朝看蝶，秋风那更夜闻蛩。

战士邀功，必借干戈成勇武；逸民适志，须凭诗酒养疏慵。

【注释】

[1] 课：此处是"为……而劳作"的意思，"课蜜"即采蜜。

[2] 雍雍：象声词，大雁的叫声。

[3] 奁：镜匣，古代妇女多用来收放梳妆用具。筥：用竹子或芦苇编成的方形的盛物器具，多用来盛放衣物。

[4] 金镛：一种乐器，青铜铸造的大钟。

[5] 绣虎：指三国时魏国曹操的儿子曹植，他文章出众，当时人称绣虎。

三江

旌对旆（pèi），盖对幢[1]。故国对他邦。千山对万水，九泽对三江。

山岌岌，水淙淙。鼓振对钟撞。清风生酒舍，皓月照书窗。

阵上倒戈[2]辛纣战，道旁系剑子婴降。

夏日池塘，出沿浴波鸥对对；春风帘幕，往来营垒[3]燕双双。

【注释】

[1] 盖：车盖，古代竖立在车上用来遮阳蔽雨的器具，形状类似现在的雨伞。幢：张挂于车或船上的帷幕。

[2] 倒戈：将武器倒过来指向己方的军队，代指叛变。

[3] 营：营造。垒：原义指军营，此处引申指燕子窝。

四支

戈对甲，鼓对旗。紫燕对黄鹂。梅酸对李苦，青眼对白眉。

三弄笛，一围棋。雨打对风吹。海棠春睡早，杨柳昼眠迟。

张骏曾为槐树赋，杜陵不作海棠诗[1]。

晋士特奇，可比一斑之豹；唐儒博识，堪为五总之龟[2]。

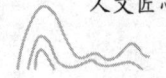

【注释】

［1］杜陵：指唐代诗人杜甫。宋人王禹偁《诗话》说，杜甫的母亲名海棠，杜甫为避讳而从不作吟咏海棠的诗。

［2］五总之龟：龟被古人视为长寿的灵物，千年五聚，因而称博学多闻的人为五总龟。

五微

来对往，密对稀。燕舞对莺飞。风清对月朗，露重对烟微。

霜菊瘦，雨梅肥。客路对渔矶。晚霞舒锦绣，朝露缀珠玑[1]（jī）。

夏暑客思欹（qī）石枕，秋寒妇念寄边衣[2]。

春水才深，青草岸边渔父去；夕阳半落，绿莎（suō）原上牧童归。

【注释】

［1］珠玑：珍珠的统称。圆者为珠，不圆者为玑。

［2］边衣：供戍守边防的战士穿的衣裳。古代军队战士的衣服（特别是寒衣）要由家中的妻子寄送。

六鱼

无对有，实对虚。作赋对观书。绿窗对朱户，宝马对香车（jū）。

伯乐马，浩然驴。弋[1]雁对求鱼。分金齐鲍叔，奉璧蔺相如。

掷地金声孙绰赋，回文锦字窦滔书。

未遇殷宗，胥靡困傅岩之筑；既逢周后，太公舍渭水之渔。

终对始，疾对徐。短褐对华裾（jū）。六朝对三国，天禄对石渠。

千字策，八行书。有若对相如[2]。花残无戏蝶，藻密有潜鱼。

落叶舞风高复下，小荷浮水卷还舒。

爱见人长，共服宣尼休假盖；恐彰已吝，谁知阮裕竟焚车。

【注释】

[1] 弋：也叫弋射，一种用系有细丝绳的箭射猎飞禽的射猎方式。

[2] 有若：人名，字子有，孔子弟子。相如：人名。战国时有蔺相如，事迹参见前注。西汉有司马相如，文学家，以善作赋闻名。

七虞

金对玉，宝对珠。玉兔[1]对金乌[2]。孤舟对短棹（zhào），一雁对双凫（fú）。
横醉眼，捻吟须。李白对杨朱[3]。秋霜多过雁，夜月有啼乌[4]。
日暖园林花易赏，雪寒村舍酒难沽。
人处岭南，善探巨象口中齿[5]；客居江右，偶夺骊（lí）龙颔下珠[6]。

【注释】

[1] 玉兔：指月亮，传说月亮中有玉兔。

[2] 金乌：指太阳，古代神话传说太阳中有三足乌，故作为太阳的代称。

[3] 杨朱：战国时期哲学家，老子弟子。

[4] 啼乌：古有乌夜啼曲。

[5] 象口中齿："巨象"指岭南地区的大象，"口中齿"指大象脱落的牙齿。

[6] 骊龙颔下珠：在黑龙的下巴底下掏取明珠。骊龙就是黑龙，传说它颔下有宝珠，要等它睡着之后才能取得。

八齐

云对雨，水对泥。白璧[1]对玄圭[2]。献瓜[3]对投李，禁鼓[4]对征鼙[5]。
徐稚榻，鲁班梯。凤翥（zhù）对鸾栖。有官清似水，无客醉如泥。
截发惟闻陶侃母，断机只有乐羊妻。

秋望佳人，目送楼头千里雁；早行远客，梦惊枕上五更鸡。

【注释】

[1] 白璧：洁白的玉璧。

[2] 玄圭：黑色的玉，古时帝王举行典礼时所用的一种玉器。

[3] 献瓜：古代"尝新"礼俗。把新收获的瓜果贡献给君主、宗庙。

[4] 禁鼓：宫廷中之鼓。

[5] 鼙：战鼓。

九佳

城对市，巷对街。破屋对空阶。桃枝对桂叶，砌蚓对墙蜗。

梅可望[1]，橘堪怀[2]。季路对高柴。花藏沽酒市，竹映读书斋。

马首不容孤竹扣，车轮终就洛阳埋。

朝宰锦衣，贵束乌犀之带[3]；宫人宝髻，宜簪白燕之钗。

【注释】

[1] 梅可望：梅子可以遥望。此典出自《世说新语·假谲》。曹操带部队行军，道中缺水，士兵口渴走不动了。曹操就说：前边有一个大梅树林，结了很多梅子，又甜又酸可以解渴。士兵听说以后，口里都流出了口水，因而坚持着走出了缺水的地区。有成语"望梅止渴"。

[2] 橘堪怀：橘子值得怀揣。此典出自《三国志·吴志·陆绩传》。陆绩六岁到九江拜见袁术，接见时看见座间有橘，便偷偷地在怀中藏了三个。告辞下拜时，橘子不小心滚出来掉在地上，袁术问他原因，陆绩说：我想带回去给母亲吃。后来"怀橘"便成了孝敬父母亲的典故。

[3] 犀之带：用黑犀牛角作装饰的腰带。乌犀，犀牛的一种，皮可为甲，角可为器具、饰物，又可入药。

十灰

增对损,闭对开,碧草对苍苔。书签对笔架,两曜[1]对三台[2]。

周召虎,宋桓魋,阆苑对蓬莱。薰风生殿阁,皓月照楼台。

却马汉文思罢献,吞蝗唐太冀移灾[3]。

照耀八荒,赫赫丽天秋日;震惊百里,轰轰出地春雷。

【注释】

[1] 两曜:指日、月。

[2] 却马汉文思罢献:汉文帝在位时,有人献千里马,文帝下诏归还,并且停止进献千里马。

[3] 吞蝗唐太冀移灾:唐贞观三年,蝗灾大起,唐太宗吞食了几只蝗虫,并说:"但当食朕,毋害百姓"。后来蝗灾果然消除。冀,希望的意思。

十一真

哀对乐,富对贫,好友对嘉宾。弹琴对结绶[1],白日对青春。

金翡翠[2],玉麒麟,虎爪对龙麟。柳塘生细浪,花径起香尘。

闲爱登山穿谢屐(jī),醉思漉(lù)酒[3]脱陶巾。

雪冷霜严,倚槛松筠(yún)同傲岁;日迟风暖,满园花柳各争春。

【注释】

[1] 结绶:佩好用来系官印的丝带,比喻准备出来做官。

[2] 金翡翠:比金子还宝贵的翡翠鸟的羽毛,代指用其做成的装饰品。

[3] 漉酒:过滤酒。

十二文

家对国,武对文,四辅[1]对三军[2]。九经对三史,菊馥对兰芬。

歌北鄙，咏南薰，迩（ěr）听对遥闻。召（shào）公周太保，李广汉将军。

闻化蜀民皆草偃，争权晋土已瓜分。

巫峡夜深，猿啸苦哀巴地月；衡峰秋早，雁飞高贴楚天云。

【注释】

[1] 四辅：官职名，见于《尚书·洛诰》，指天子身边的四个辅佐大臣。后代帝王的"四辅"所指官员不一，都是依托《尚书》所说而产生的。

[2] 三军：根据周朝的礼制，天子六军，诸侯大国三军，每军12 500人。春秋各大国三军名称不一，如晋国设中军、上军、下军，楚国设中军、左军、右军等，后来三军成为军队的通称。

十三元

幽对显，寂对喧，柳岸对桃源。莺朋对燕友，早暮对寒暄（xuān）。

鱼跃沼，鹤乘轩，醉胆对吟魂。轻尘生范甑，积雪拥袁门。

缕缕轻烟芳草渡，丝丝微雨杏花村。

诣阙（què）王通，献《太平》十二策；出关老子，著《道德》五千言。

儿对女，子对孙，药圃对花村。高楼对邃阁，赤豹对玄猿。

妃子骑，夫人轩，旷野对平原。匏（hú）巴能鼓瑟，伯氏善吹埙。

馥馥早梅思驿使，萋萋芳草怨王孙。

秋夕月明，苏子黄冈游绝壁；春朝花发，石家金谷启芳园。

歌对舞，德对恩，犬马对鸡豚。龙池对凤沼，雨骤对云屯。

刘向阁，李膺门，唳（lì）鹤[1]对啼猿。柳摇春白昼，梅弄月黄昏。

岁冷松筠皆有节，春喧桃李本无言[2]。

噪晚齐蝉，岁岁秋来泣恨；啼宵蜀鸟，年年春去伤魂。

【注释】

[1]唳：（仙鹤）鸣叫。

[2]桃李本无言：《史记·李将军列传》说："谚曰：桃李不言，下自成蹊。"意思是说，桃树李树自己不说话，但（由于其花美、其果甜）下边自然会形成因人来往而形成的小路。

十四寒

横对竖，窄对宽，黑志对弹丸。朱帘对画栋，彩槛（jiàn）对雕栏。

春既老，夜将阑，百辟[1]（bì）对千官。怀仁称足足，抱义美般般。

好马君王曾市骨，食猪处士仅思肝。

世仰双仙，元礼舟中携郭泰；人称连璧，夏侯车上并潘安。

【注释】

[1]百辟：百位诸侯，很多诸侯。辟，天子和诸侯的通称。

十五删

兴对废，附对攀，露草对霜菅（jiān），歌廉[1]对借寇[2]，习孔对希颜。

山磊磊，水潺潺，奉璧对探镮[3]。礼由公旦作，诗本仲尼删。

驴困客方经灞水，鸡鸣人已出函关。

几夜霜飞，已有苍鸿辞北塞；数朝雾暗，岂无玄豹[4]隐南山。

【注释】

[1]歌廉：《后汉书·廉范传》载，廉叔度为成都太守，百姓歌之曰："廉叔度，来何暮。不禁火，民安作。昔无襦，今五绔。"

[2]借寇：《后汉书·寇恂传》载，寇恂为河内守，河内完固，当征为执金吾，从过颍川，百姓遮道，愿借寇君一年，上许之。

[3] 探镮：《晋书·羊祜传》载，羊祜五岁，诣邻人李氏东垣中，得金镮。主人曰：此吾亡儿物也，乃知前身李氏子也。

[4] 玄豹：《列女传》载，陶詹子治陶三年，名誉不兴，家富三倍。妻泣曰：吾闻南山有玄豹，隐雾七日不食，以泽其毛衣，成其文采。至于犬彘，不择食故肥，而取祸必矣。

下卷

一先

晴对雨，地对天，天地对山川。山川对草木，赤壁对青田。

郏鄏（jiá rǔ）鼎[1]，武城弦[2]，木笔对苔钱。金城三月柳，玉井九秋莲。

何处春朝风景好，谁家秋夜月华圆。

珠缀花梢，千点蔷薇香露；练横树杪，几丝杨柳残烟。

离对坎，震对乾，一日对千年，尧天对舜日，蜀水对秦川。

苏武节，郑虔毡，涧壑对林泉。挥戈能退日，持管莫窥天。

寒食芳辰花烂熳，中秋佳节月婵娟。

梦里荣华，飘忽枕中之客；壶中日月，安闲市上之仙。

【注释】

[1] 郏鄏鼎：郏鄏，地名，即周朝的东都雒邑，在今河南洛阳一带。鼎，名词用作动词，定鼎，即建都的意思。全句指周成王命周公营建东都雒邑，周平王正式迁都雒邑的事。

[2] 武城弦：武城，地名，春秋时鲁国的一个城邑，故址在今山东费县西南。弦，弦乐器，代指音乐，此处用作动词，用音乐教化百姓。

三肴

牛对马，犬对猫，旨酒对嘉肴。桃红对柳绿，竹叶对松梢。

藜杖[1]叟，布衣樵，北野对东郊。白驹形皎皎，黄鸟语交交。

花圃春残无客到，柴门夜永有僧敲。

墙畔佳人，飘扬竞把秋千舞；楼前公子，笑语争将蹴鞠[2]（cù jū）抛。

【注释】

[1] 藜杖：用藜（一种藤状植物）的老茎制作的拐杖。布衣：以麻布制作的衣裳，这是平民的服装。

[2] 蹴鞠：原为古代军队中一种带有习武和锻炼身体性质的游戏，有点类似现代的足球，后来推广到平民之中，成为一种普通的游戏。此处指此游戏用的球。

五歌

霜对露，浪对波，径菊对池荷。酒阑对歌罢，日暖对风和。

梁父咏[1]，楚狂[2]歌，放鹤[3]对观鹅。史才推永叔[4]，刀笔[5]仰萧何[6]。

种橘[7]犹嫌千树少，寄梅[8]谁信一枝多。

林下风生，黄发村童推牧笠；江头日出，皓眉溪叟晒渔蓑。

【注释】

[1] 梁父咏：即《梁父吟》，也作《梁甫吟》，乐府楚调曲名。梁父是泰山下的一座小山，相传诸葛亮隐居隆中时曾作《梁父吟》。

[2] 楚狂：指陆通，春秋末年楚国人，因不满楚昭王的统治，所以披发装疯，不做官，曾唱着歌经过孔子身边。人称楚狂。

[3] 放鹤：放飞仙鹤。典出《世说新语·言语》。东晋高僧支遁喜欢仙鹤，有人送他一对仙鹤，他怕仙鹤飞走，就剪掉它翅膀上的羽毛。鹤因为不能飞起来，整天低头回看自己的翅膀。支遁说，既有凌霄之姿，何肯为人作耳目近玩？等鹤

的羽毛长成后，支遁就把它们放走了。

[4] 永叔：北宋欧阳修，字永叔，号醉翁、六一居士。他是北宋古文运动的代表人物，也擅长史学，曾与宋祁等合修《新唐书》，自撰《新五代史》。

[5] 刀笔：古代书写工具，用竹木代纸，用笔记事，用刀削误。借指文章，法律案牍、诉讼文书等。

[6] 萧何：西汉开国功臣，跟随刘邦入关，收秦相府律令图书藏之。西汉的律令制度大都是萧何依据秦朝律法制定。

[7] 种橘：典出《三国志·吴书·孙休传》。三国时期吴国太守李衡栽了一千棵橘树，他临死时告诉儿子：你母亲讨厌我置办产业，所以家里才这么穷。这一千棵橘树，每年交完赋税，足以让你衣食无忧。

[8] 寄梅：《太平御览·荆州记》记载，南朝陆凯与范晔交情深厚，他从江南给在长安的范晔寄去一枝梅花，并且赠诗"折梅逢驿使，寄与陇头人。江南无所有，聊寄一枝春"。

八庚

深对浅，重对轻，有影对无声。蜂腰对蝶翅，宿醉对余酲。

天北缺，日东生，独卧对同行。寒冰三尺厚，秋月十分明。

万卷书客容闲客览，一樽酒待故人倾。

心侈唐玄，厌看霓裳之曲[1]；意骄陈主，饱闻玉树之赓[2]。

【注释】

[1] 这里是说唐玄宗的典故。宋代王灼的《碧鸡漫志》记载说，玄宗精通乐律，他曾经将西凉的乐曲《婆罗门》润色改编为《霓裳羽衣曲》，当时宫中经常演奏此曲，杨贵妃善跳《霓裳羽衣舞》。

[2] 这里是说南朝陈的亡国之君陈后主的典故。陈后主嗜好声乐，曾将吴歌《玉树后庭花》按曲填词，辞藻绮丽，使男女唱和，哀艳委婉。

九青

红对紫，白对青，渔火对禅灯。唐诗对汉史，释典对仙经。

龟曳尾[1]，鹤梳翎[2]翎（líng），月榭对风亭。一轮秋夜月，几点晓天星。

晋士只知山简醉[3]，楚人谁识屈原醒。

绣倦佳人，慵把鸳鸯文作枕；吮毫画者，思将孔雀写为屏。

【注释】

[1] 龟曳尾：《庄子·秋水》云："此龟者，宁其为留骨而贵乎，宁其生而曳尾于涂中乎？"
[2] 鹤梳翎：出自宋代苏轼诗："风松时落蕊，病鹤不梳翎。"翎，羽毛。
[3] 山简醉：晋代山简嗜酒，人号醉山翁。

第二节　三字经（节选）

《三字经》是中国传统的启蒙教材。它浅显易懂，取材典范，包括中国传统文化的文学、历史、哲学、天文地理、人伦义理、忠孝节义等，核心思想又包括了"仁，义，诚，敬，孝"。在格式上，三字一句朗朗上口，因其文通俗、顺口、易记等特点，使其与《千字文》《百家姓》并称为"中国传统蒙学三大读物"，合称"三百千"。

启蒙篇

人之初，性本善。性相近，习相远。

苟不教，性乃迁。教之道，贵以专。

昔孟母，择邻处。子不学，断机杼[1]（zhù）。

窦燕山[2]，有义方。教五子，名俱扬。

养不教，父之过。教不严，师之惰。

子不学，非所宜。幼不学，老何为。

玉不琢，不成器。人不学，不知义。

【注释】

[1]断机杼：剪断织布机上的布。

[2]窦燕山：五代时燕山人窦禹钧教育儿子很有方法，他教育的五个儿子都很有成就。

　　人生下来的时候都是好的，只是由于成长过程中，后天的学习环境不一样，性情也就有了好与坏的差别。因此，启蒙教育对儿童成长具有十分重要的意义。教育及时且方法得当，儿童就能健康成长，就能成为有用之才。

礼孝篇

为人子，方少时。亲师友，习礼仪。

香九龄[1]，能温席。孝于亲，所当执[2]。

融四岁，能让梨。弟于长，宜先知。

首孝弟，次见闻。知某数，识某文。

【注释】

[1]香九龄：东汉时有个人叫黄香，在九岁的时候就懂得孝敬父母，在冬天的时候用自己的身体替父亲暖被窝。

[2]执：做。

> 任何人都不是一座孤岛，我们都是处于一个关系网中。在这张网中有我们的父母、兄弟和朋友等，而这张网的维系靠的是情感。因此，生而为人，我们要孝敬父母、友爱兄弟、朋信友义。

情感篇

高曾祖，父而身。身而子，子而孙。

自子孙，至玄曾。乃九族，人之伦。

父子恩，夫妇从。兄则友，弟则恭。

长幼序，友与朋。君则敬，臣则忠。

此十义，人所同。凡训蒙，须讲究。

> 社会是复杂的，每个人都有各种亲属关系和社会关系。此处提出"十义"，既是处理各种关系的准则，也是维持社会安宁、推动社会发展的保证。

常识篇

一而十，十而百。百而千，千而万。

三才者，天地人。三光者，日月星。

三纲者，君臣义。父子亲，夫妇顺。

曰春夏，曰秋冬。此四时，运不穷。

曰南北，曰西东。此四方，应乎中。

曰水火，木金土。此五行，本乎数。

曰仁义，礼智信。此五常，不容紊（wěn）。

稻粱菽（shū），麦黍稷。此六谷，人所食。

马牛羊，鸡犬豕。此六畜，人所饲。

曰喜怒，曰哀惧。爱恶欲，七情具。

匏（páo）土革，木石金。丝与竹，乃八音。

> 此部分主要是介绍生活中的一些名物常识，有数字、三才、三光、三纲、四时、四方、五行、五常、六谷、六畜、七情、八音，方方面面，一应俱全，而且简单明了。

读书篇

昔仲尼，师项橐（tuó）。古圣贤，尚勤学。

赵中令，读鲁论。彼既仕，学且勤。

披蒲编，削竹简。彼无书，且知勉。

头悬梁，锥刺股。彼不教，自勤苦。

如囊萤，如映雪。家虽贫，学不辍。

如负薪，如挂角。身虽劳，犹苦卓。

苏老泉，二十七。始发愤，读书籍。

彼既老，犹悔迟。尔小生，宜早思。

若梁灏，八十二。对大廷，魁多士。

彼既成，众称异。尔小生，宜立志。

莹八岁，能咏诗。泌七岁，能赋棋。

彼颖悟，人称奇。尔幼学，当效之。

蔡文姬，能辨琴。谢道韫（yùn），能咏吟。

彼女子，且聪敏。尔男子，当自警。

> 时间是最公平合理的,它从不多给谁一分。勤劳者能叫时间留下串串果实,懒惰者时间留给他们一头白发,两手空空。我们不能让时间停留,但可以每时每刻做些有意义的事。而读书就是最有意义的事,因为读书会让我们成为一个幸福的人。

勤学篇

彼虽幼,身已仕。尔幼学,勉而致。

有为者,亦若是。犬守夜,鸡司晨。

苟不学,曷为人。蚕吐丝,蜂酿蜜。

人不学,不如物。幼而学,壮而行。

上致君,下泽民。扬名声,显父母。

光于前,裕于后。人遗子,金满籝。

我教子,惟一经。勤有功,戏无益。

戒之哉,宜勉力。

> 有人说:"聪明不学就等于笨蛋。"没有勤奋刻苦的学习,就会枉费人生,正像意大利画家达·芬奇说的:"懒惰会毁灭人的才智。"著名神童方仲永及他的父亲都没有认识到勤奋的重要,以至于仲永没有勤奋的学习,从而毁掉了他的美好人生。天道酬勤,人世间没有不勤奋就成为天才的。愿大家日夜勤奋,早日成才!

第三节　千字文（节选）

《千字文》由南北朝时期梁朝散骑侍郎、给事中周兴嗣编纂，是由一千个汉字组成的韵文（在隋唐之前，不押韵、不对仗的文字，被称为"笔"，而非"文"）。梁武帝（502—549年）命人从王羲之书法作品中选取1000个不重复汉字，命员外散骑侍郎周兴嗣编纂成文。全文为四字句，对仗工整，条理清晰，文采斐然。《千字文》语句平白如话，易诵易记，是中国古代影响很大的儿童启蒙读物。

天文气象篇

天地玄黄，宇宙洪荒。日月盈昃（zè），辰宿列张。

寒来暑往，秋收冬藏。闰余成岁，律吕调阳。

云腾致雨，露结为霜。

明君贤王篇

龙师火帝，鸟官人皇。始制文字，乃服衣裳。

推位让国，有虞陶唐。吊民伐罪，周发殷汤。

坐朝问道，垂拱平章。爱育黎首，臣伏戎羌。

遐迩一体，率宾归王。鸣凤在竹，白驹食场。

化被草木，赖及万方。

高尚情操篇

罔谈彼短，靡恃己长。信使可覆，器欲难量。

墨悲丝染，诗赞羔羊。景行维贤，克念作圣。

德建名立，形端表正。空谷传声，虚堂习听。

祸因恶积，福缘善庆。尺璧非宝，寸阴是竞。

资父事君，曰严与敬。孝当竭力，忠则尽命。

临深履薄，夙兴温凊（qìng）。似兰斯馨，如松之盛。

川流不息，渊澄取映。容止若思，言辞安定。

笃初诚美，慎终宜令。荣业所基，籍甚无竟。

学优登仕，摄职从政。存以甘棠，去而益咏。

乐殊贵贱，礼别尊卑。上和下睦，夫唱妇随。

外受傅训，入奉母仪。诸姑伯叔，犹子比儿。

孔怀兄弟，同气连枝。交友投分，切磨箴（zhēn）规。

仁慈隐恻，造次弗离。节义廉退，颠沛匪亏。

性静情逸，心动神疲。守真志满，逐物意移。

坚持雅操，好爵自縻（mí）。

第四节　百家姓（节选）

> 《百家姓》是一部关于中文姓氏的作品。按文献记载，成文于北宋初。原收集姓氏411个，后增补到504个，其中单姓444个，复姓60个。《百家姓》采用四言体例，对姓氏进行了排列，而且句句押韵，虽然它的内容没有文理，但对于中国姓氏文化的传承、中国文字的认识等方面都起了巨大作用，这也是它能够流传千百年的一个重要因素。

赵钱孙李，周吴郑王。冯陈褚卫，蒋沈韩杨。

朱秦尤许，何吕施张。孔曹严华，金魏陶姜。

戚谢邹喻，柏水窦章。云苏潘葛，奚范彭郎。

鲁韦昌马，苗凤花方。俞任袁柳，酆（fēng）鲍史唐。

费廉岑薛，雷贺倪汤。滕殷罗毕，郝邬安常。

乐于时傅，皮卞（biàn）齐康。伍余元卜，顾孟平黄。

和穆萧尹，姚邵湛汪。祁毛禹狄，米贝明臧。

计伏成戴，谈宋茅庞。熊纪舒屈，项祝董梁。

杜阮蓝闵，席季麻强。贾路娄危，江童颜郭。

梅盛林刁，钟徐邱骆。高夏蔡田，樊胡凌霍。

虞万支柯，昝（zǎn）管卢莫。经房裘缪，干解应宗。

丁宣贲（bēn）邓，郁单杭洪。包诸左石，崔吉钮龚。

程嵇邢滑，裴陆荣翁。荀羊於惠，甄曲家封。

第五节　朱子家训（节选）

《朱子家训》是以家庭道德为主的启蒙教材。它精辟地阐明了修身治家之道，是一篇家教名著。全文524字，文字通俗易懂，内容简明赅备，对仗工整，朗朗上口，问世以来，不胫而走，成为有清一代家喻户晓的教子治家的经典家训。其核心就是要让人成为一个正大光明、知书明理、生活严谨、宽容善良、理想崇高的人，这也是中国文化的一贯追求。大家如果真正依此践行，不仅能成为一个有高尚情操的人，更能构建美满家庭，进而构建和谐社会。

黎明即起，洒扫庭除，要内外整洁；既昏便息，关锁门户，必亲自检点。

一粥一饭，当思来处不易；半丝半缕，恒念物力维艰。

宜未雨而绸缪，毋临渴而掘井。

自奉必须俭约，宴客切勿流连。器具质而洁，瓦缶胜金玉；饮食约而精，园蔬逾珍馐。

勿营华屋，勿谋良田。

……

与肩挑贸易，毋占便宜；见贫苦亲邻，须多温恤。

……

见富贵而生谄容者，最可耻；遇贫穷而作骄态者，贱莫甚。

……

轻听发言，安知非人之谮（zèn）诉，当忍耐三思；因事相争，安知非我之不是，须平心暗想。

施惠勿念，受恩莫忘。凡事当留余地，得意不宜再往。

人有喜庆，不可生妒忌心；人有祸患，不可生喜幸心。善欲人见，不是真善；恶恐人知，便是大恶。

……

家门和顺，虽饔（yōng）飧不济，亦有余欢；国课早完，即囊橐无余，自得至乐。

读书志在圣贤，非徒科第；为官心存君国，岂计身家。

……

第三章 · 诗歌养心

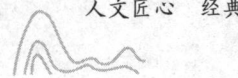

古诗根据内容分类可分为叙事诗、抒情诗、送别诗、边塞诗、山水田园诗、怀古诗、咏物诗、悼亡诗、讽喻诗等。叙事诗以叙事为主,情节完整而集中。抒情诗以集中抒发诗人的思想感情为特征,以此反映生活。送别诗一般是送别亲友,抒发离别之情。边塞诗以边疆地区军民生活和自然风光为题材。山水田园诗以描写自然风光、农村景物以及安逸恬淡的隐居生活为主。怀古诗亦称咏史诗,主要是以历史事件、历史人物、历史陈迹为题材,借登临古迹、咏叹史实来达到感慨兴衰、寄托哀思、托古讽今等目的。咏物诗是托物言志的诗歌,通过对某一事物的咏叹,体现人文思想。悼亡诗指对亡故亲人或朋友表达追悼、哀思的诗歌。讽喻诗一般讽喻现实,反映国事民生,体现出对国家、社会、人民的强烈责任感。

第一节 叙事诗

孔雀东南飞(节选)

汉·佚名

孔雀东南飞,五里一徘徊[1]。十三能织素[2],十四学裁衣,十五弹箜篌[3](kōng hóu),十六诵诗书。十七为君妇,心中常苦悲。君既为府吏,守节[4]情不移。贱妾留空房,相见常日稀。鸡鸣入机织,夜夜不得息。三日断[5]五匹,大人故嫌迟[6]。非为织作迟,君家妇难为!妾不堪驱使,徒留无所施[7]。便可白公姥[8](mǔ),及时相遣归。

【注释】

[1] 徘徊:来回走动。汉代乐府诗常以飞鸟徘徊起兴,以写夫妇离别。

[2] 素:白绢。

[3] 箜篌:古代的一种乐器,形如筝、瑟。

[4] 守节:遵守府里的规则。

[5] 断:(织成一匹)截下来。

[6] 大人故嫌迟:婆婆故意嫌我织得慢。大人,对长辈的尊称,这里指婆婆。

[7] 施:用。

[8] 白公姥:禀告婆婆。白,告诉,禀告。公姥,公公婆婆,这里是偏义复词,专指婆婆。

《孔雀东南飞》是我国文学史上第一部长篇叙事诗,后人盛赞它与北朝的《木兰诗》为"乐府双璧"。它取材于东汉献帝年间的一桩婚姻悲剧,主要讲述了焦仲卿、刘兰芝夫妇被迫分离并双双自杀的故事,控诉了封建礼教的残酷无情,歌颂了焦刘夫妇的真挚感情和反抗精神。

琵琶行（节选）

唐·白居易

我闻琵琶已叹息，又闻此语重[1]唧唧[2]。同是天涯沦落人，相逢何必曾相识！我从去年辞帝京，谪居卧病浔阳城。浔阳地僻无音乐，终岁不闻丝竹声。住近湓江地低湿，黄芦苦竹绕宅生。其间旦暮闻何物？杜鹃啼血猿哀鸣。春江花朝秋月夜，往往取酒还独倾。岂无山歌与村笛？呕哑嘲哳[3]（zhāo zhā）难为听。今夜闻君琵琶语[4]，如听仙乐耳暂[5]明。莫辞更坐弹一曲，为君翻作《琵琶行》。

【注释】

[1] 重：重新。

[2] 唧唧：叹声。

[3] 呕哑嘲哳：指声音嘈杂刺耳。

[4] 琵琶语：琵琶声，琵琶所弹奏的乐曲。

[5] 暂：突然。

《琵琶行》是唐朝诗人白居易的长篇歌行体叙事诗，属乐府旧题。该诗作于元和十一年（816年）。此诗通过对琵琶女高超弹奏技艺和不幸经历的描述，表达了诗人对同为不幸者的琵琶女的深切同情，也抒发了诗人对自己失意的感慨和沉郁心境。

第二节　抒情诗

子　衿

《诗经·郑风》

青青子衿[1]，悠悠[2]我心。

纵我不往，

子宁（nìng）不嗣（sì）音[3]？

青青子佩[4]，悠悠我思。

纵我不往，子宁不来？

挑（tiāo）兮达（tà）兮[5]，

在城阙兮。

一日不见，如三月兮。

【注释】

[1] 子衿：周代读书人的服装。子，男子的美称，这里即指"你"。衿，即襟，衣领。

[2] 悠悠：忧思不断的样子。

[3] 宁：岂，难道。嗣音：寄传音讯。

[4] 佩：这里指系佩玉的绶带。

[5] 挑兮达兮：独自走来走去的样子。

　　《子衿》是中国古代第一部诗歌总集《诗经》中的一首。全诗三章，每章四句。此诗写单相思，描写一个女子思念她的心上人。每当看到颜色青青的东西，女子就会想起心上人青青的衣领和青青的佩玉。于是她登上城门楼，就是想看看心上人的踪影。如果有一天看不见，她便觉得如隔三月。全诗采用倒叙的手法，充分描写了女子单相思的心理活动，惟妙惟肖，而且意境很美，是一首难得的优美的情诗，成为中国文学史上描写相思之情的经典作品。

关雎（节选）

《诗经·周南》

关关[1]雎鸠（jū jiū），
在河之洲[2]。
窈窕[3]（yǎo tiǎo）淑女，
君子好逑[4]（hǎo qiú）。

【注释】

[1] 关关：象声词，雌雄二鸟相互应和的叫声。

[2] 洲：水中的陆地。

[3] 窈窕淑女：贤良美好的女子。

[4] 好逑：好的配偶。

蒹葭（节选）

《诗经·秦风》

蒹葭[1]（jiān jiā）苍苍[2]，
白露为霜。
所谓伊人[3]，
在水一方[4]。

【注释】

[1] 蒹葭：芦苇。

[2] 苍苍：青苍，深青色。

[3] 伊人：那个人，指所思慕的对象。

[4] 一方：另一边。

《关雎》首章以雎鸟相向合鸣、相依相恋，兴起淑女配君子的联想。《蒹葭》曾被认为是用来讥刺秦襄公不能用周礼来巩固他的国家，或惋惜招引隐居的贤士而不可得。现在一般认为这是一首情歌，写追求所爱而不及的惆怅与苦闷。

登　高

唐·杜甫

风急天高猿啸哀，

渚[1]（zhǔ）清沙白鸟飞回。

无边落木萧萧下，

不尽长江滚滚来。

万里悲秋常作客[2]，

百年[3]多病独登台。

艰难[4]苦恨[5]繁霜鬓[6]，

潦倒[7]新停浊酒杯。

【注释】

[1] 渚：水中的小块陆地。

[2] 常作客：长期漂泊他乡。

[3] 百年：一生，这里借指晚年。

[4] 艰难：兼指国运和自身命运。

[5] 苦恨：极恨，极其遗憾。

[6] 繁霜鬓：像浓霜一样的鬓发。

[7] 潦倒：衰颓，失意。

《登高》由唐代诗人杜甫所作。前四句写景，述登高见闻，紧扣秋天的季节特色，描绘了江边空旷寂寥的景致。首联为局部近景，颔联为整体远景。后四句抒情，写登高所感，围绕作者自己的身世遭遇，抒发了穷困潦倒、年老多病、流寓他乡的悲哀之情。颈联自伤身世，将前四句写景所蕴含的比兴、象征、暗示之意揭出；尾联再作申述，以衰愁病苦的自我形象收束。

行路难

唐·李白

金樽（zūn）清酒斗十千[1]，
玉盘珍羞直万钱[2]。
停杯投箸[3]（zhù）不能食，
拔剑四顾心茫然。
欲渡黄河冰塞川，
将登太行雪满山。
闲来垂钓碧溪上，
忽复乘舟梦日边。
行路难！行路难！
多歧（qí）路，今安在[4]？
长风破浪[5]会有时，
直挂云帆济沧海[6]。

【注释】

[1] 樽：古代盛酒的器具，以金为饰。清酒：清醇的美酒。斗十千：一斗值十千钱（即万钱），形容酒美价。

[2] 珍羞：珍贵的菜肴。羞，同"馐"，美味的食物。直：通"值"，价值。

[3] 箸：筷子。

[4] "多歧路"二句：岔道这么多，如今身在何处？

[5] 长风破浪：比喻实现政治理想。

[6] 云帆：高高的船帆。船在海里航行，因天水相连，船帆好像出没在云雾之中。

《行路难》是唐代诗人李白的作品。这首诗抒发了诗人在政治道路上遭遇艰难后的感慨，反映了诗人在思想上既不愿同流合污，又不愿独善其身的矛盾。正是这种无法解决的矛盾所激起的感情波涛使该诗气象非凡。诗人跌宕起伏的感情，跳跃式的思维，以及高昂的气势，使该作品具有独特的艺术魅力，成为后人广为传诵的千古名篇。

第三节 送别诗

宣州谢朓(tiǎo)楼饯别校(jiào)书叔云[1]

唐·李白

弃我去者,昨日之日不可留;
乱我心者,今日之日多烦忧。
长风万里送秋雁,
对此可以酣[2](hān)高楼。
蓬莱文章建安骨,
中间小谢又清发。
俱怀[3]逸兴(xìng)壮思飞[4],
欲上青天览[5]明月。
抽刀断水水更流,
举杯消愁愁更愁。
人生在世不称意,
明朝散发(fà)弄扁(piān)舟[6]。

【注释】

[1] 谢朓楼:又名北楼、谢公楼,在陵阳山上,是南齐诗人谢朓任宣城太守时所建。校书:官名。叔云:李白的叔叔李云。

[2] 酣:畅饮。

[3] 俱怀:两人都怀有。

[4] 逸兴:飘逸豪放的兴致。

[5] 览:通"揽",摘取。

[6] 明朝:明天。散发:去冠披发,指隐居不仕。弄扁舟:乘小舟归隐江湖。

《宣州谢朓楼饯别校书叔云》是唐代诗人李白在宣城(今属安徽)与李云相遇并同登谢朓楼时创作的一首送别诗。此诗共九十二字,并不直言离别,而是重笔抒发诗人自己怀才不遇的激烈愤懑,灌注了慷慨豪迈的情怀,表达了对黑暗社会的强烈不满和对光明世界的执着追求。诗虽极写烦忧苦闷,却并不阴郁低沉。

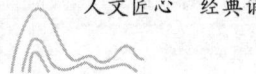

送杜少府之任蜀州[1]

唐·王勃

城阙（què）辅三秦[2]，
风烟望五津[3]。
与君离别意，
同是宦（huàn）游人[4]。
海内存知己，
天涯若比邻。
无为在歧（qí）路[5]，
儿女共沾巾[6]。

【注释】

[1] 少府：官名。之：到、往。蜀州：今四川崇州。

[2] 城阙：城阙，即城楼，指唐代京师长安城。辅，护卫。三秦，指长安城附近的关中之地，即今陕西省潼关以西一带。

[3] 风烟望五津：在风烟迷茫之中，遥望蜀州。

[4] 宦游：出外做官。

[5] 无为：无须、不必。歧路：岔路。

[6] 沾巾：泪水沾湿衣服和腰带。意思是挥泪告别。

《送杜少府之任蜀州》是的唐代诗人王勃的作品。此诗意在慰勉友人勿在离别之时悲哀。首联描画出送别地与友人出发地的形势和风貌，隐含送别的情意，严整对仗；颔联为宽慰之辞，点明离别的必然性，以散调相承，以实转虚，文情跌宕；颈联奇峰突起，高度地概括了"友情深厚，江山难阻"的情景，使友情升华到一种更高的美学境界；尾联点出"送"的主题，并且继续劝勉、叮咛朋友，也是自己情怀的再次吐露。

赋得古原草送别[1]

唐·白居易

离离原上草[2],
一岁一枯荣[3]。
野火烧不尽,
春风吹又生。
远芳[4]侵古道,
晴翠接荒城。
又送王孙[5]去,
萋萋[6]满别情。

【注释】

[1]赋得:借古人诗句或成语命题作诗。

[2]离离:青草茂盛的样子。

[3]枯:枯萎。荣:茂盛。

[4]远芳:草香远播。

[5]王孙:本指贵族后代,此指远方的友人。

[6]萋萋:形容草木长得茂盛的样子。

《赋得古原草送别》是唐代诗人白居易的作品。此诗通过对古原上野草的描绘,抒发送别友人时的依依惜别之情。它可以看成一曲野草颂,亦是生命的颂歌。全诗章法谨严,用语自然流畅,对仗工整,写景抒情水乳交融,意境浑成。"野火烧不尽,春风吹又生"作为对"韧性"的赞颂而传诵千古。

第四节　边塞诗

使至塞上[1]

唐·王维

单车[2]欲问边[3],
属国过居延。
征蓬[4]出汉塞,
归雁[5]入胡天[6]。
大漠孤烟直,
长河落日圆。
萧关[7]逢候骑[8],
都护[9]在燕然[10]。

【注释】

[1] 使至塞上：奉命出使边塞。

[2] 单车：形容轻车简从。

[3] 问边：指慰问守卫边疆的官兵。

[4] 征蓬：随风远飞的枯蓬，此处为诗人自喻。

[5] 归雁：指大雁北飞。

[6] 胡天：胡人的领地。这里是指唐军占领的北方。

[7] 萧关：古关名，又名陇山关，故址在今宁夏固原东南。

[8] 候骑：负责侦察、通讯的骑兵。

[9] 都护：这里指前敌统帅。

[10] 燕然：古山名，即今蒙古国杭爱山。这里代指前线。

《使至塞上》是唐代诗人王维奉命赴边疆慰问将士途中创作的纪行诗，记述出使塞上的旅程以及旅程中所见的塞外风光。此诗既反映了边塞生活，同时也表达了诗人的孤独、寂寞、悲伤之情，以及在大漠的雄浑景色中情感得到熏陶、净化、升华后产生的慷慨悲壮之情。

白雪歌送武判官归京

唐·岑参

北风卷地白草[1]折,
胡天八月[2]即飞雪。
忽如一夜春风来,
千树万树梨花[3]开。
散入珠帘湿罗幕,
狐裘不暖锦衾[4](qīn)薄。
将军角弓不得控[5],
都护铁衣冷难着。
瀚海[6]阑干[7]百丈冰,
愁云惨淡[8]万里凝。
中军置酒饮归客,
胡琴琵琶与羌笛。
纷纷暮雪下辕门[9],
风掣[10](chè)红旗冻不翻。
轮台东门送君去,
去时雪满天山路。
山回路转[11]不见君,
雪上空[12]留马行处。

【注释】

[1] 白草：西北的一种牧草，晒干后变白。

[2] 胡天：指塞北的天空。

[3] 梨花：春天开放，花作白色。这里比喻雪花积在树枝上，像梨花开了一样。

[4] 衾：被子。

[5] 不得控：（天太冷而冻得）拉不开（弓）。

[6] 瀚海：沙漠。

[7] 阑干：纵横交错的样子。

[8] 惨淡：昏暗无光。

[9] 辕门：军营的门。

[10] 掣，拉，扯。

[11] 山回路转：山势回环，道路盘旋曲折。

[12] 空：只。

《白雪歌送武判官归京》描写西域八月飞雪的壮丽景色，抒写塞外送别、雪中送客之情。虽表现了诗人的离愁和乡思，但这首诗歌充满奇思异想，并不伤感。诗中所表现出来的浪漫理想和壮逸情怀使人觉得塞外风雪变成了可玩味欣赏的对象，具有极强的艺术感染力。

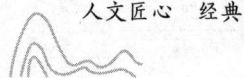

从军行[1] 七首（节选）

唐·王昌龄

其一

烽火城西百尺楼，
黄昏独上海风秋。
更吹羌笛关山月[2]，
无那[3]金闺万里愁。

其二

琵琶起舞换新声[4]，
总是关山[5]旧别情。
撩乱[6]边愁听不尽，
高高秋月照长城。

其三

关城[7]榆叶早疏黄，
日暮云沙[8]古战场。
表请回军掩尘骨[9]，
莫教兵士哭龙荒[10]。

【注释】

[1] 从军行：乐府旧题，属相和歌辞平调曲，多反映军旅辛苦生活。

[2] 羌笛：羌族竹制乐器。关山月：乐府曲名；多为伤离别之辞。

[3] 无那：无奈，指无法消除思亲之愁。

[4] 新声：新的歌曲。

[5] 关山：边塞。

[6] 撩乱：心里烦乱。

[7] 关城：指边关的守城。

[8] 云沙：像云一样的风沙。

[9] 表：上表，上书。掩尘骨：指尸骨安葬。掩，埋。

[10] 龙荒：荒原。

《从军行》是唐代诗人王昌龄的组诗。诗歌意境苍凉，慷慨激昂，充分显示出边疆戍卫的艰辛与边塞将士的艰苦生活。第一首诗刻画了边疆戍卒怀乡思亲的情景；第二首诗描写征戍者在军中听乐观舞所引起的边愁；第三首诗描写古战场的荒凉景象，写将军上表请求归葬战死将士骸骨，表现将帅对士卒的爱护之情。

第五节　山水田园诗

归园田居（其三）

晋·陶渊明

种豆南山[1]下，
草盛豆苗稀[2]。
晨兴理荒秽[3]，
带月荷（hè）锄[4]归。
道狭草木长[5]，
夕露沾[6]我衣。
衣沾不足[7]惜，
但使愿无违[8]。

【注释】

[1] 南山：指庐山。

[2] 稀：稀少。

[3] 兴：起身，起床。荒秽：指野草。

[4] 荷锄：扛着锄头。

[5] 草木长：草木丛生。

[6] 沾：打湿。

[7] 足：值得。

[8] 但使愿无违：指只要不违背自己的意愿就行了。

《归园田居》是晋宋时期文学家陶渊明的组诗作品。本首诗细腻生动地描写了作者对农田劳动生活的体验，风格清淡而又不失典雅，表现了诗人愉悦的心情和对隐居生活的喜爱。

山居秋暝（míng）[1]

唐·王维

空山新[2]雨后，
天气晚来秋。
明月松间照，
清泉石上流。
竹喧归浣（huàn）女[3]，
莲动下渔舟。
随意春芳[4]歇，
王孙自可留[5]。

【注释】

[1] 暝：日落，天色将晚。

[2] 新：刚刚。

[3] 竹喧：竹林中笑语喧哗。浣：洗涤衣物。

[4] 春芳：春天的花草。歇：消散，消失。

[5] 王孙：原指贵族子弟，后来也泛指隐居的人。留：居。

《山居秋暝》描绘了秋雨初晴后傍晚时分山村的旖旎风光和山居村民的淳朴风尚，表现了诗人寄情山水田园并对隐居生活怡然自得的满足心情，以自然美来表现人格美和社会美。全诗将空山雨后的秋凉、松间明月的光照、石上清泉的声音、浣女归来竹林中的喧笑声、渔船穿过荷花的动态和谐完美地融合在一起，给人一种丰富新鲜的感受。它像一幅清新秀丽的山水画，又像一支恬静优美的抒情乐曲，体现了王维诗中有画的创作特点。

过故人庄[1]

唐·孟浩然

故人具鸡黍[2]（shǔ），
邀我至田家[3]。
绿树村边合[4]，
青山郭外斜[5]（xié）。
开轩面场圃[6]，
把酒话桑麻[7]。
待到重阳日，
还来就菊花[8]。

【注释】

[1] 过：拜访。故人庄：老朋友的田庄。

[2] 具：准备，置办。鸡黍：指农家待客的丰盛饭食。

[3] 邀：邀请。至：到。

[4] 合：环绕。

[5] 郭：古代城墙。

[6] 轩：窗户。

[7] 把酒：端着酒具，指饮酒。桑麻：这里泛指庄稼。

《过故人庄》描写了诗人应邀到一位农村老朋友家做客的经过。在淳朴的田园风光之中，主客举杯饮酒，闲谈家常，充满了乐趣，表现了诗人和朋友之间真挚的友情。这首诗初看似乎平淡如水，细细品味就像是一幅画着田园风光的中国画，将景、事、情完美地结合在一起，具有强烈的艺术感染力。

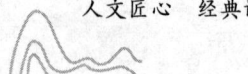

第六节　怀古诗

赤　壁

唐·杜牧

折戟[1]（jǐ）沉沙铁未销，
自将[2]磨洗认前朝。
东风不与周郎便[3]，
铜雀春深锁二乔。

【注释】

[1] 折戟：折断的戟。戟，古代兵器。
[2] 将：拿起。
[3] 东风：指火烧赤壁事。周郎：指周瑜。

《赤壁》是作者经过赤壁（即今湖北武昌西南赤矶山）这个著名的古战场，有感于三国时代的英雄成败而写下的。本诗表现了作者独到的历史眼光，认为历史上英雄的成功都有某种机遇，同时也暗含了自己的抑郁不平之情。

蜀　相[1]

唐·杜甫

丞相祠堂何处寻[2]？
锦官城外柏（bǎi）森森[3]。
映阶碧草自春色，
隔叶黄鹂空好音。
三顾频烦天下计[4]，
两朝开济老臣心[5]。
出师未捷身先死，
长使英雄泪满襟（jīn）。

【注释】

[1] 蜀相：指诸葛亮（孔明）。

[2] 丞相祠堂：即诸葛武侯祠，在今成都市武侯区，晋李雄初建。

[3] 锦官城：成都的别名。柏森森：柏树茂盛繁密的样子。

[4] 三顾频烦天下计：意思是刘备为统一天下而三顾茅庐。

[5] 开：开创。济：扶助。

《蜀相》是唐代诗人杜甫定居成都草堂后，翌年游览武侯祠时创作的一首咏史怀古诗。此诗借游览古迹，表达了诗人对蜀汉丞相诸葛亮雄才大略、辅佐两朝、忠心报国的称颂以及对他出师未捷而身死的惋惜之情，字里行间寄寓感物思人的情怀。这首七律章法曲折婉转，自然紧凑。前两联纪行写景，自然洒脱；后两联议事论人，忽变沉郁。全篇由景到人，由寻找瞻仰到追述回顾，由感叹缅怀到泪流满襟，顿挫豪迈。全诗所怀者大，所感者深，雄浑悲壮，沉郁顿挫，具有震撼人心的巨大力量。

第七节 咏物诗

墨 梅[1]

元·王冕(miǎn)

吾家洗砚池头树[2],
朵朵花开淡墨痕。
不要人夸好颜色,
只留清气[3]满乾坤。

【注释】

[1] 墨梅:用水墨画的梅花。

[2] 吾家:我家。晋代书法家王羲之家。因王羲之与王冕同姓、同乡,借此自比。

[3] 清气:指梅花自然清香之气,此处也暗喻人清高自爱的精神。

　　《墨梅》是元代诗人王冕创作的一首七言绝句。此诗开头两句直接描写墨梅,最后两句盛赞墨梅的高风亮节,赞美墨梅不求人夸,只愿给人间留下清香的美德,实际上是借梅自喻,表达自己对人生的态度以及不向世俗献媚的高尚情操。全诗构思精巧、淡中有味,直中有曲,极富清新高雅之气。

石灰吟

明·于谦

千锤万凿[1]出深山，
烈火焚烧若等闲[2]。
粉骨碎身浑不怕，
要留清白[3]在人间。

【注释】

[1] 千锤万凿：指无数次锤击开凿，形容开采石灰非常艰难。

[2] 若等闲：好像很平常的事情。

[3] 清白：指石灰洁白的本色，比喻高尚的节操。

> 《石灰吟》是明代政治家、文学家于谦创作的一首七言绝句。此诗托物言志，采用象征手法，字面上是咏石灰，实际借物喻人，托物寄怀，表现了诗人高洁的理想。全诗笔法凝练，一气呵成，语言质朴自然，不事雕琢，感染力很强，尤其是作者那积极进取的人生态度和大无畏的凛然正气更给人以鼓舞和激励。

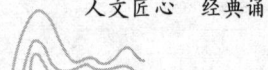

第八节　悼亡诗

沈园二首[1]

宋·陆游

其一

城上斜阳画角[2]哀，
沈园非复旧池台。
伤心桥下春波绿，
曾是惊鸿照影来[3]。

其二

梦断香消[4]四十年，
沈园柳老不吹绵[5]。
此身行[6]作稽（jī）山土，
犹吊遗踪一泫（xuàn）然[7]。

【注释】

[1] 沈园：即沈氏园，故址在今浙江绍兴禹迹寺南。

[2] 画角：涂有色彩的军乐器，发声凄厉哀怨。

[3] 惊鸿：语出曹植《洛神赋》句"翩若惊鸿"，喻美人体态之轻盈。这里指陆游原配唐琬。

[4] 香消：指唐琬亡故。

[5] 不吹绵：柳絮不飞。

[6] 行：即将。

[7] 泫然：流泪貌。

　　《沈园二首》是宋代文学家陆游的组诗作品。这是作者在七十五岁重游沈园时怀念其原配唐氏而创作的两首悼亡诗。第一首诗写触景生情之悲。首句写斜阳黯淡，画角哀鸣，是通过写景渲染悲凉的气氛。后三句写物是人非之悲，用反衬手法。第二首诗写诗人情感的专一，也用反衬手法：以草木无情反衬人物的深情。全诗体现了诗人忠实、笃厚、纯洁、坚贞的品格。这组诗写得深沉哀婉，含蓄蕴藉，但仍保持其语言朴素自然的一贯特色。

离思五首（其四）

唐·元稹（zhěn）

曾经沧海难为水[1]，
除却巫山不是云[2]。
取次[3]花丛懒回顾，
半缘[4]修道半缘君。

【注释】

[1] 此句意思是已经观看过茫茫大海，那其他水流都不值一观了。

[2] 此句意思是看过了巫山的云，其他地方的云都不值一提了。

[3] 取次：随便，草率地。

[4] 缘：因为，为了。

《离思五首》是唐代诗人元稹创作的一组悼亡绝句。本诗运用"索物以托情"的比兴手法，以精警的词句，赞美了夫妻之间的恩爱，抒写了诗人对亡妻韦丛忠贞不渝的爱情和刻骨的思念。

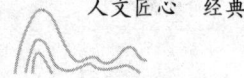

第九节　讽喻诗

硕　鼠

《诗经·魏风》

硕鼠硕鼠[1]，无食我黍[2]（shǔ）！
三岁贯女（rǔ），莫我肯顾[3]。
逝将去女[4]，适彼乐土[5]。
乐土乐土，爰[6]（yuán）得我所[7]。

硕鼠硕鼠，无食我麦！
三岁贯女，莫我肯德[8]。
逝将去女，适彼乐国[9]。
乐国乐国，爰得我直[10]？

硕鼠硕鼠，无食我苗！
三岁贯女，莫我肯劳[11]。
逝将去女，适彼乐郊。
乐郊乐郊，谁之永号[12]？

【注释】

[1] 硕鼠：大老鼠。一说田鼠。这里用来比喻贪得无厌的剥削统治者。

[2] 无：毋，不要。黍：黍子，也叫黄米，谷类，是重要粮食作物之一。

[3] 此句意思为侍奉你多年，你却对我不照顾。女，同"汝"，你，指统治者。

[4] 去：离开。

[5] 乐土：安居乐业的地方。

[6] 爰：在那里。

[7] 所：处所，指可以正当生活的地方。

[8] 德：加恩，施惠。

[9] 乐国：安居乐业的地方。

[10] 直：同"值"，报酬。

[11] 劳：慰劳。

[12] 永号：长叹。

　　《硕鼠》是中国古代现实主义诗集《诗经》中的一篇。本诗的主旨古今看法分歧不大，古人多认为"刺重敛"，今人多认为是反对剥削、向往乐土的。全诗三章，每章八句，纯用比体，以硕鼠喻剥削者，比喻精当，寓意较直。

过华清宫[1]绝句三首（其一）

唐·杜牧

长安回望绣成堆[2]，
山顶千门[3]次第[4]开。
一骑红尘[5]妃子笑，
无人知是荔枝来。

【注释】

[1] 华清宫：唐宫殿名。

[2] 绣成堆：骊山右侧有东绣岭，左侧有西绣岭。唐玄宗在岭上广种林木花卉，郁郁葱葱。

[3] 千门：形容山顶宫殿壮丽，门户众多。

[4] 次第：依次。

[5] 红尘：这里指飞扬的尘土。

《过华清宫绝句三首》是唐代文学家杜牧的组诗作品。本诗借古讽今，选取了唐玄宗不惜劳民伤财为杨贵妃供应荔枝的典型事件，加以艺术概括，既巧妙地总结了历史，又深刻地讽喻了现实，表达了诗人对最高统治者穷奢极欲、荒淫误国的无比愤慨之情。全诗含蓄委婉，寓意悠长。

题临安邸[1]（dǐ）

宋·林升

山外青山楼外楼，
西湖歌舞几时休？
暖风熏[2]得游人醉，
直[3]把杭州作汴（biàn）州[4]。

【注释】

[1] 邸：旅店。
[2] 熏：吹，用于温暖馥郁的风。
[3] 直：简直。
[4] 汴州：即汴京，北宋的都城，今河南省开封市。

《题临安邸》是讽喻诗中的杰作。第一句点出临安城青山重重叠叠、楼台鳞次栉比的特征；第二句用反问语气点出西湖边轻歌曼舞无休无止。后两句以讽刺的语言写出当政者纵情声色，并通过"杭州"与"汴州"的对照，不露声色地揭露了纵情声色的达官贵人们的腐朽本质，也由此表现出作者对当政者不思收复失地的愤激以及对国家命运的担忧。全诗构思巧妙，措辞精当，冷言冷语的讽刺，偏从热闹的场面写起；愤慨已极，却不作谩骂之语。

第四章 词曲怡情

近代国学大师王国维说："一代有一代之文学。"这是中国文学发展历史的一个重要特色。

在宋代，词的作者最多，词作最为丰富，艺术成就也最高。词是一种诗的别体，萌芽于南朝，是隋唐时兴起的一种新的文学样式。到了宋代，经过长期不断的发展，词的创作进入全盛时期。词最初称为"曲词"或者"曲子词"，别称有近体乐府、长短句、词子、曲词、乐章、琴趣、诗余等，是配合宴乐乐曲而填写的歌诗。词牌是词的调子的名称，不同的词牌在总句数、句数，每句的字数、平仄上都有不同规定。

元曲是继唐诗、宋词之后又一独具特色的文学体裁。元曲以揭露现实的深刻以及题材的广泛、语言的通俗、形式的活泼、风格的清新、描绘的生动、手法的多变等，在中国古代文学艺苑中放射着夺目的异彩。

第一节 绮罗香泽花间词

更漏子·玉炉香

唐·温庭筠

玉炉香,红蜡泪,
偏照画堂[1]秋思。
眉翠薄,鬓(bìn)云[2]残,
夜长衾[3](qīn)枕寒。

梧桐树[4],三更雨,
不道[5]离情正苦。
一叶叶,一声声,
空阶滴到明[6]。

【注释】

[1] 画堂:华丽的内室。

[2] 鬓云:鬓发如云。

[3] 衾:被子。

[4] 梧桐:落叶乔木,古人以为是凤凰栖止之木。

[5] 不道:不管、不理会。

[6] 空阶滴到明:语出南朝何逊《临行与故游夜别》:"夜雨滴空阶。"

《更漏子·玉炉香》抒写思妇的离愁。上阕写室内物象,以玉炉、红蜡、画堂等来表现孤独的思妇辗转难眠而容颜不整,鬓发散乱,忍受着枕衾间的寒冷与痛苦;下阕通过写思妇在室内听到室外的雨声来描摹人物的心情。全词从室内到室外,从视觉到听觉,从实到虚,构成一种浓郁的愁境。上阕辞采绮丽,下阕疏淡流畅,一密一疏,一浓一淡,情感变化发展自然。

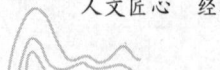

菩萨蛮·小山重叠金明灭

唐·温庭筠

小山[1]重叠金明灭，
鬓云欲度香腮雪[2]。
懒起画蛾眉[3]，
弄妆梳洗迟。

照花前后镜，
花面交相映。
新帖绣罗襦[4]，
双双金鹧鸪。

【注释】

[1] 小山：指屏风上的图案，由于屏风是折叠的，所以说小山重叠。一说是指小山眉，即弯弯的眉毛。

[2] 香腮雪：雪白的面颊。

[3] 蛾眉：女子的眉毛细长弯曲像蚕蛾的触须。

[4] 罗襦：丝绸短袄。

《菩萨蛮·小山重叠金明灭》写女子起床梳洗时的娇慵姿态，以及妆成后的情态，暗示了人物孤独寂寞的心境。词人把女子的容貌写得很美丽，服饰写得很华贵，体态也写得十分娇柔，仿佛描绘了一幅唐代仕女图。全词成功地运用了反衬手法，委婉含蓄地揭示了人物的内心世界。以鹧鸪双双反衬人物的孤独；以对容貌服饰的描写，反衬人物内心的寂寞空虚。

菩萨蛮·人人尽说江南好

唐·韦庄

人人尽说江南好,
游人[1]只合[2]江南老。
春水碧于天,
画船听雨眠。

垆边[3]人似月,
皓腕凝霜雪[4]。
未老莫还乡,
还乡须断肠。

【注释】

[1] 游人：这里指漂泊江南的人，即作者自谓。

[2] 只合：只应。

[3] 垆边：指酒家。垆，旧时酒店用土砌成酒瓮卖酒的地方。《史记·司马相如列传》记载，司马相如妻卓文君长得很美，曾当垆卖酒："买一酒舍沽就，而令文君当垆。"

[4] 皓腕凝霜雪：形容酒家女露出的手腕洁白如雪。

《菩萨蛮·人人尽说江南好》写江南美景、佳丽，但有思归之意。"只合"二字，无限凄怆，意谓天下丧乱，游人漂泊，虽有乡不得还，虽有家不得归，唯有羁滞江南，以待终老。"春水"两句，极写江南景色之丽。"垆边"两句，极写江南人物之美。"未老"句陡转，谓江南纵好，我仍思还乡，但今日若还乡，目击离乱，只令人断肠，故唯有暂不还乡，以待时定。情意婉转，哀伤之至。

菩萨蛮·劝君今夜须沉醉

唐·韦庄

劝君今夜须沉醉,
尊前[1]莫话明朝事。
珍重主人心,
酒深情亦深。

须愁[2]春漏[3]短,
莫诉[4]金杯满。
遇酒且呵呵[5],
人生能几何。

【注释】

[1]尊前:酒席前。尊:同"樽",古代盛酒器具。

[2]"须愁"句:应愁时光短促。

[3]漏:刻漏,古代的计时器,代指时间。

[4]莫诉:不要推辞。

[5]呵呵:笑声。这里是指"得过且过",勉强作乐。

《菩萨蛮·劝君今夜须沉醉》借主人劝酒,抒写了词人心中难言的隐痛,表现了人生如梦、及时行乐的思想。全词满腔悲愤,故作达语,这也是社会现实与词人自身遭遇的反映。这首词头两句说"劝君今夜须沉醉,尊前莫话明朝事",下半首又说"须愁春漏短,莫诉金杯满",四句之中竟有两个"须"字,两个"莫"字,口吻的重叠成为这首词的特色所在,下面写"遇酒且呵呵,人生能几何",又表现出人生苦短、应及时行乐的态度。

第二节　恢宏沉雄豪放词

渔家傲·秋思

宋·范仲淹

塞[1]下秋来风景异，
衡阳雁去[2]无留意。
四面边声[3]连角[4]起，
千嶂[5]里，
长烟落日孤城闭。

浊酒一杯家万里，
燕然未勒[6]归无计。
羌管悠悠霜满地，
人不寐，
将军白发征夫泪。

【注释】

[1] 塞：边界要塞之地，这里指西北边疆。

[2] 衡阳雁去：传说秋天北雁南飞，至湖南衡阳回雁峰而止，不再南飞。

[3] 边声：指各种带有边境特色的声响，如大风、羌笛、马啸的声音。

[4] 角：古代军中的一种乐器。

[5] 千嶂：像屏障一般的群山。

[6] 燕然未勒：指边患未平、功业未成。燕然：今蒙古境内之杭爱山；勒：刻石记功。据《后汉书·窦宪传》记载，东汉窦宪率兵追击匈奴单于，去塞三千余里，登燕然山，刻石勒功而还。

宋康定元年（1040年）至庆历三年（1043年）间，词人任陕西经略副使兼延州知州。他在镇守西北边疆期间，既号令严明又爱抚士兵，深为西夏所惮服，称他"腹中有数万甲兵"。这首词就是他身处军中的感怀之作。词的上阕描摹了一幅寥廓荒僻、萧瑟悲凉的边塞鸟瞰图；下阕则抒发边关将士壮志难酬和思乡忧国的情怀。整首词表现了将士们的英雄气概及艰苦生活，意境开阔苍凉，形象生动鲜明。

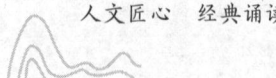

念奴娇·赤壁怀古

宋·苏轼

大江东去，浪淘尽，
千古风流人物。
故垒[1]西边，人道是，
三国周郎[2]赤壁。
乱石穿空，惊涛拍岸，
卷起千堆雪。
江山如画，一时多少豪杰。

遥想公瑾当年，小乔初嫁了，
雄姿英发。
羽扇纶（guān）巾[3]，谈笑间，
樯橹[4]灰飞烟灭。
故国神游，多情应笑我，
早生华发。
人生如梦，一樽还酹江月[5]。

【注释】

[1]故垒：过去遗留下来的营垒。

[2]周郎：三国时吴国名将周瑜，字公瑾，少年得志，二十四为中郎将，掌管东吴重兵，吴中皆呼为"周郎"。

[3]羽扇纶巾：古代儒将的便装打扮。羽扇，羽毛制成的扇子。纶巾，青丝制成的头巾。

[4]樯橹：代指曹操的水军战船。一作"强虏"。

[5]一樽还酹江月：古人以酒浇在地上祭奠。这里指洒酒酬月，寄托自己的感情。

《念奴娇·赤壁怀古》通过对月夜江上壮美景色的描绘，借对古代战场的凭吊和对风流人物才略、气度、功业的追念，曲折地表达了作者怀才不遇、功业未就、老大未成的忧愤之情，同时表现了作者关注历史和人生的旷达之心。全词借古抒怀，雄浑苍凉，大气磅礴，笔力遒劲，境界宏阔，将写景、咏史、抒情融为一体，有着撼魂荡魄的艺术力量。

定风波·莫听穿林打叶声

宋·苏轼

三月七日,沙湖[1]道中遇雨。雨具先去,同行皆狼狈,余独不觉,已而遂晴,故作此词。

莫听穿林打叶声,

何妨吟啸[2]且徐行。

竹杖芒鞋[3]轻胜马,

谁怕?一蓑烟雨任平生[4]。

料峭[5]春风吹酒醒,

微冷,山头斜照却相迎。

回首向来[6]萧瑟处,

归去,也无风雨也无晴。

【注释】

[1] 沙湖:在今湖北黄冈东南三十里。

[2] 吟啸:放声吟咏。

[3] 芒鞋:草鞋。

[4] 一蓑烟雨任平生:披着蓑衣在风雨里过一辈子也处之泰然。

[5] 料峭:微寒的样子。

[6] 向来:方才。

《定风波·莫听穿林打叶声》作于宋神宗元丰五年(公元1082年)春,当时是苏轼因"乌台诗案"被贬为黄州(今湖北黄冈)团练副使的第三个春天。词人与朋友春日出游,风雨忽至,朋友深感狼狈,词人却毫不在乎,泰然处之,吟咏自若,缓步而行。此词通过野外途中偶遇风雨这一生活小事,于简朴中见深意,于寻常处生奇景,表现出作者旷达超脱的胸襟,寄寓了超凡脱俗的人生态度。

永遇乐·京口[1]北固亭怀古

宋·辛弃疾

千古江山,英雄无觅孙仲谋处。

舞榭歌台,风流总被雨打风吹去。

斜阳草树,寻常巷陌,

人道寄奴[2]曾住。

想当年,金戈铁马,

气吞万里如虎。

元嘉草草[3],封狼居胥[4],

赢得仓皇北顾。

四十三年,望中犹记,

烽火扬州路。

可堪回首,佛(bì)狸[5]祠下,

一片神鸦社鼓。

凭谁问:廉颇老矣,尚能饭否[6]?

【注释】

[1] 京口：古城名，今江苏镇江。

[2] 寄奴：南朝宋武帝刘裕小名。

[3] 元嘉草草：刘裕子宋文帝刘义隆好大喜功，仓促北伐，反而让北魏太武帝拓跋焘抓住机会，兵抵长江北岸而返，遭到对手的重创。

[4] 封狼居胥：汉武帝元狩四年（前119年），霍去病远征匈奴，歼敌七万余，封狼居胥山而还。封，登山祭天，以纪功勋。狼居胥，山名，即今蒙古国境内的肯特山。这里用"元嘉北伐"告诫南宋朝廷要汲取历史教训。《宋书·王玄谟传》载刘义隆对殷景仁说："闻王玄谟陈说，使人有封狼居胥意。"

[5] 佛狸：拓跋焘小名佛狸。

[6] "廉颇"二句：廉颇，战国时赵国名将。《史记》记载，廉颇被免职后，跑到魏国，赵王想再用他，派人去看他的身体情况，廉颇的仇人郭开贿赂使者，使者看到廉颇，廉颇为之米饭一斗，肉十斤，被甲上马，以示尚可被任用。

词人是怀着深重的忧虑和一腔悲愤写这首词的。上阕赞扬在京口建立霸业的孙权和率军北伐气吞胡虏的刘裕，表示要像他们一样金戈铁马为国立功。下阕借讽刺刘义隆表明自己坚决主张抗金但反对冒进误国的立场和态度。全词豪壮悲凉，义重情深，放射着爱国主义的思想光辉。词中用典贴切自然，紧扣题旨，增强了作品的说服力和意境美。

水龙吟·登建康[1]赏心亭

宋·辛弃疾

楚天千里清秋,
水随天去秋无际。
遥岑[2]远目,献愁供恨,玉簪螺髻[3]。
落日楼头,断鸿声里,江南游子。
把吴钩[4]看了,
栏杆拍遍,
无人会,登临意。

休说鲈鱼堪脍,
尽西风,季鹰归未[5]?
求田问舍,怕应羞见,刘郎才气[6]。
可惜流年,忧愁风雨[7],树犹如此[8]!
倩[9]何人唤取,
红巾翠袖[10],揾[11](wèn)英雄泪!

【注释】

[1] 建康：今江苏南京。

[2] 遥岑：远山。

[3] 玉簪螺髻：玉做的簪子，像海螺形状的发髻，比喻高矮和形状各不相同的山岭。

[4] 吴钩：唐·李贺《南园》："男儿何不带吴钩，收取关山五十州。"吴钩，古代吴地制造的一种宝刀。这里应该是以吴钩自喻，空有一身才华，但是得不到重用。

[5] "鲈鱼堪脍"三句：此处用西晋张翰典故，见《晋书·张翰传》。另外，《世说新语·识鉴篇》："张季鹰辟齐王东曹掾，在洛，见秋风起，因思吴中菰菜、莼羹、鲈鱼脍，曰：'人生贵得适意尔，何能羁宦数千里以要名爵？'遂命驾便归。俄而齐王败，时人皆谓见机。"后来的文人将思念家乡称为莼鲈之思。季鹰：张翰，字季鹰。

[6] 求田问舍三句：《三国志·魏书·陈登传》记载，许汜（sì）曾向刘备抱怨陈登看不起他："久不相与语，自上大床卧，使客卧下床。"刘备批评许汜在国家危难之际只知置地买房："如小人（刘备自称），欲卧百尺楼上，卧君于地，何但上下床之间邪。"求田问舍，指置地买房。刘郎，刘备。才气，胸怀、气魄。

[7] 忧愁风雨：比喻飘摇的国势。

[8] 树犹如此：出自北周诗人庾信《枯树赋》："树犹如此，人何以堪！"

[9] 倩：请。

[10] 红巾翠袖：女子装饰，代指女子。

[11] 揾：擦拭。

辛弃疾从二十三岁南归，一直不受重视，二十六岁上《美芹十论》，提出抗金策略，又不被采纳。宋孝宗淳熙元年（1174年），辛弃疾将任东安抚司参议官。这时作者南归已八九年了，却投闲置散，任了一介小官。一次，他登上建康的赏心亭，极目远望祖国的山川风物，百感交集，更加痛惜自己满怀壮志而老大无成，于是写下这首《水龙吟·登建康赏心亭》。

诉衷情·当年万里觅封侯

宋·陆游

当年万里觅封侯[1],
匹马戍[2]梁州。
关河梦断何处?
尘暗旧貂裘[3]。

胡未灭,
鬓先秋,
泪空流。
此生谁料,
心在天山,
身老沧洲[4]。

【注释】

[1]万里觅封侯:奔赴万里外的疆场,寻找建功立业的机会。

[2]戍:守边。

[3]尘暗旧貂裘:貂皮裘上落满灰尘,颜色为之暗淡。这里借用苏秦典故。据《战国策·秦策》载,苏秦"说秦王书十上而说不行,黑貂之裘敝,黄金百斤尽,资用乏绝,去秦而归"。这里意指自己不受重用,未能施展抱负。

[4]沧洲:靠近水的地方,古时常用来泛指隐士居住之地。这里是指作者位于镜湖之滨的家乡。

宋孝宗乾道八年(1172年),陆游应四川宣抚使王炎之邀,从夔州前往当时西北前线重镇南郑军中任职,度过了八个多月的戎马生活。那是他一生中最值得怀念的一段岁月。淳熙十六年(1189年)陆游被弹劾罢官后,退隐山阴故居长达十二年。这期间常常在风雪之夜、孤灯之下回首往事,梦游梁州,写下了一系列爱国诗词。这首《诉衷情·当年万里觅封侯》便是其中的一首。

满江红·怒发冲冠

宋·岳飞[1]

怒发冲冠,
凭阑[2]处、潇潇[3]雨歇。
抬望眼,仰天长啸,壮怀激烈。
三十功名尘与土,
八千里路云和月。
莫等闲,白了少年头,空悲切!

靖康耻[4],犹未雪。
臣子恨,何时灭!
驾长车,踏破贺兰山缺。
壮志饥餐胡虏肉,
笑谈渴饮匈奴血。
待从头,收拾旧山河,朝天阙[5]。

【注释】

[1] 凭阑:身倚栏杆。阑,同"栏"。

[2] 潇潇:形容雨势急骤。

[3] 靖康耻:宋钦宗靖康二年(1127),金兵攻陷汴京,虏走徽、钦二帝。靖康,宋钦宗赵桓的年号。

[4] 朝天阙:朝见皇帝。天阙,本指宫殿前的楼观,此指皇帝居住的地方。

《满江红·怒发冲冠》上阕抒写作者对中原重陷敌手的悲愤,对局势前功尽弃的痛惜,表达了自己继续努力争取壮年立功的心愿;下阕抒写作者对敌人的深仇大恨,对收复中原的殷切希望,对朝廷君王的赤胆忠诚。全词情调激昂,慷慨壮烈,显示出一种浩然正气和英雄气质,表达了作者报国立功的信心和乐观主义精神。

第三节　含蓄蕴藉婉约词

虞美人[1]·春花秋月何时了

南唐·李煜

春花秋月何时了[2]？
往事知多少。
小楼昨夜又东风，
故国[3]不堪回首月明中。

雕栏玉砌[4]应犹在，
只是朱颜改[5]。
问君能有几多愁？
恰似一江春水向东流。

【注释】

[1] 虞美人：原为唐教坊曲，后用为词牌名。此调初咏项羽宠姬虞美人死后地下开出一朵鲜花，因以为名。

[2] 了：了结，完结。

[3] 故国：指南唐故都金陵（今南京）。

[4] 砌：台阶。雕栏玉砌：指远在金陵的南唐故宫。

[5] 朱颜改：指所怀念的人已衰老。

宋太祖开宝八年（975年），宋军攻破南唐都城金陵，李煜奉表投降，南唐灭亡。此词是李后主沦为阶下囚后所作，作者通过对自然永恒与人生无常的尖锐矛盾的对比，抒发了故国之思、亡国之痛。

浣溪沙·一曲新词酒一杯

宋·晏殊

一曲新词酒一杯[1],
去年天气旧亭台[2]。
夕阳西下几时回?

无可奈何花落去,
似曾相识燕归来。
小园香径[3]独徘徊。

【注释】

[1] 一曲新词酒一杯:此句化用白居易《长安道》:"花枝缺出青楼开,艳歌一曲酒一杯。"

[2] 去年天气旧亭台:天气、亭台都和去年一样。此句化用五代郑谷《和知己秋日伤怀》:"流水歌声共不回,去年天气旧亭台。"

[3] 小园香径:花草芳香的小径,或指落花散香的小径。因落花满径,幽香四溢,故云香径。

《浣溪沙·一曲新词酒一杯》虽含伤慨惜时之意,实为感慨抒怀之情,感伤年华的飞逝,又暗寓怀人之意。词之上阕绾合今昔,叠印时空,重在思昔;下阕则巧借眼前景物,重在伤今。全词语言圆转流利,通俗晓畅,清丽自然,意蕴深沉,启人神智,耐人寻味。词中对宇宙人生的深思,给人以哲理性的启迪和美的艺术享受。其中"无可奈何花落去,似曾相识燕归来"两句历来为人所称道。

雨霖铃[1]·寒蝉凄切

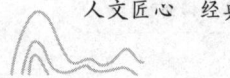

宋·柳永

寒蝉凄切，对长亭[2]晚，
骤雨初歇。
都门[3]帐饮[4]无绪，
留恋处，兰舟催发。
执手相看泪眼，竟无语凝噎。
念去去，千里烟波，
暮霭沉沉楚天阔。

多情自古伤离别，
更那堪冷落清秋节！
今宵酒醒何处？
杨柳岸，晓风残月。
此去经年[5]，应是良辰好景虚设。
便纵有千种风情，更与何人说？

【注释】

[1] 雨霖铃：词牌名。相传唐玄宗入蜀时在雨中听到铃声而想起杨贵妃，故作此曲。曲调自身就具有哀伤的成分。

[2] 长亭：古代在交通要道边每隔十里修建一座长亭供行人休息，又称"十里长亭"。

[3] 都门：国都之门。这里代指北宋的首都汴京（今河南开封）。

[4] 帐饮：在郊外设帐饯行。

[5] 经年：年复一年。

《雨霖铃·寒蝉凄切》上阕细腻刻画了情人离别的场景，抒发了离情别绪；下阕着重摹写想象中别后的凄楚情状。全词遣词造句不着痕迹，绘景直白自然，场面栩栩如生，起承转合优雅从容，情景交融，蕴藉深沉，将情人惜别时的真情实感表达得缠绵悱恻、凄婉动人，堪称抒写别情的千古名篇，也是柳词和婉约词的代表作。

蝶恋花[1] · 庭院深深深几许

宋·欧阳修[2]

庭院深深深几许,

杨柳堆烟[3],

帘幕无重数。

玉勒雕鞍[4]游冶处,

楼高不见章台[5]路。

雨横[6]风狂三月暮,

门掩黄昏,

无计留春住。

泪眼问花花不语,

乱红[7]飞过秋千去。

【注释】

[1] 蝶恋花:原唐教坊曲名,后用为词牌名。又名"鹊踏枝""凤栖梧"。

[2] 一说是南唐词人冯延巳所作。

[3] 堆烟:形容杨柳浓密。

[4] 玉勒雕鞍:极言车马的豪华。

[5] 章台:汉长安街名。

[6] 雨横:指急雨、骤雨。

[7] 乱红:形容各种花片纷纷飘落的样子。

《蝶恋花·庭院深深深几许》写闺怨。词风深稳妙雅。所谓深者,就是含蓄蕴藉,婉曲幽深,耐人寻味。此词首句"深深深"三字,前人尝叹其用叠字之工,兹特拈出,用以说明全词特色之所在。这首词景写得深,情写得深,意境也写得深。

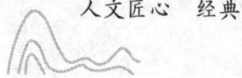

一剪梅·红藕香残玉簟[1]秋

宋·李清照

红藕香残玉簟（diàn）秋。

轻解罗裳，独上兰舟[2]。

云中谁寄锦书[3]来，

雁字[4]回时，月满西楼。

花自飘零水自流。

一种相思，两处闲愁[5]。

此情无计[6]可消除，

才下眉头，却上心头。

【注释】

[1] 玉簟：光滑如玉的竹席。

[2] 兰舟：船的美称。

[3] 锦书：书信的美称。

[4] 雁字：雁群飞行时，常排列成"人"字或"一"字形，因称"雁字"。相传雁能传书。

[5] 闲愁：无端无谓的忧愁。

[6] 无计：没有办法。

《一剪梅·红藕香残玉簟秋》是李清照前期的作品，作于与丈夫赵明诚离别之后，寄寓着不忍离别的一腔深情。全词以女性特有的沉挚情感，丝毫"不落俗套"的表现方式，展示出一种婉约之美，格调清新，意境幽美，称得上是一首工致精巧的别情佳作。

声声慢·寻觅觅

宋·李清照

寻寻觅觅[1],冷冷清清,

凄凄惨惨戚戚[2]。

乍暖还(huán)寒时候,最难将息[3]。

三杯两盏淡酒,

怎敌他、晚来风急?

雁过也,正伤心,

却是旧时相识。

满地黄花堆积。

憔悴损,如今有谁堪摘?

守着窗儿,独自怎生[4]得黑?

梧桐更兼细雨[5],

到黄昏、点点滴滴。

这次第[6],怎一个愁字了得!

【注释】

[1]寻寻觅觅:意谓想把失去的一切都找回来,表现非常空虚怅惘、迷茫失落的心态。

[2]凄凄惨惨戚戚:忧愁苦闷的样子。

[3]将息:休养调理之意。

[4]怎生:怎样的。生:语助词。

[5]梧桐更兼细雨:暗用白居易《长恨歌》中"秋雨梧桐叶落时"的诗意。

[6]这次第:这光景、这情形。

《声声慢·寻寻觅觅》是李清照后期的作品,此一时期她的作品再不见当年那种清新可人,浅斟低唱,而转为沉郁凄婉。此词通过描写残秋所见、所闻、所感,抒发自己因国破家亡、天涯沦落而产生的孤寂落寞、悲凉愁苦的心绪,具有浓厚的时代色彩。在结构上打破了上下阕的局限,一气贯注,着意渲染愁情,如泣如诉。开头连续十四个叠字,形象地抒写了作者的心情;下文"点点滴滴"又前后照应,表现了作者孤独寂寞的忧郁情绪和动荡不安的心境。

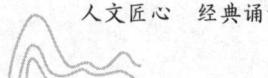

青玉案·凌波不过横塘路

宋·贺铸

凌波[1]不过横塘[2]路,
但目送、芳尘去[3]。
锦瑟华年[4]谁与度?
月桥花院[5],琐窗朱户,
只有春知处。

飞[6]云冉冉蘅皋[7](héng gāo)暮,
彩笔新题断肠句。
试问闲情都几许?
一川烟草,
满城风絮,梅子黄时雨。

【注释】

[1] 凌波:形容女子步态轻盈。三国魏曹植《洛神赋》:"凌波微步,罗袜生尘。"

[2] 横塘:在苏州城外,是作者隐居之所。

[3] 芳尘去:指美人已去。

[4] 锦瑟华年:指美好的青春时期。锦瑟,饰有彩纹的瑟。

[5] 月桥花院:一作"月台花榭"。

[6] 飞:一作"碧"。

[7] 蘅皋:长着香草的沼泽中的高地。

《青玉案·凌波不过横塘路》通过对暮春景色的描写,抒发作者的"闲愁"。上阕写路遇佳人而不知所往的怅惘情景,也含蓄地流露其沉沦下僚、怀才不遇的感慨;下阕写因思慕而引起的无限愁思,表现了幽居寂寞积郁难抒之情绪。全词虚写相思之情,实抒悒悒不得志的"闲愁",立意新奇,想象丰富,历来广为传诵。

苏幕遮·燎沉香

宋·周邦彦

燎（liáo）[1]沉香[2]，
消溽（rù）暑[3]。
鸟雀呼晴[4]，侵晓[5]窥檐语。
叶上初阳干宿雨，
水面清圆，一一风荷举[6]。

故乡遥，
何日去？
家住吴门，久作长安旅。
五月渔郎相忆否？
小楫[7]（jí）轻舟，梦入芙蓉浦[8]。

【注释】

[1]燎：细焚。

[2]沉香：一种名贵香料，置水中则下沉，其香味可辟恶气。

[3]溽暑：夏天闷热潮湿的暑气。

[4]呼晴：唤晴。旧有鸟鸣可占晴雨之说。

[5]侵晓：拂晓。侵，渐近。

[6]一一风荷举：荷叶迎着晨风，每一片荷叶都挺出水面。

[7]楫：划船用具，短桨。

[8]芙蓉浦：有荷花的水边。词中指杭州西湖。

周邦彦的词以富艳精工著称，但这首《苏幕遮》"清水出芙蓉，天然去雕饰"，是周词中少数的例外。此词由眼前的荷花想到故乡的荷花，游子浓浓的思乡情，向荷花娓娓道来，构思尤为巧妙别致。上阕主要描绘荷花姿态，下阕由荷花梦回故乡。全词写景、写人、写情、写梦皆语出天然，不加雕饰而风情万种，通过对清圆的荷叶、五月的江南、渔郎的轻舟这些情景进行虚实变幻的描写，思乡之苦表达得淋漓尽致。

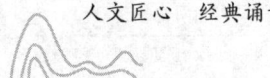

第四节　雅俗共赏品元曲

天净沙[1]·秋思

元·马致远

枯藤老树昏鸦[2]，
小桥流水人家，
古道[3]西风[4]瘦马。
夕阳西下，
断肠人[5]在天涯。

【注释】

[1] 天净沙：曲牌名，属越调。又名"塞上秋"。

[2] 昏鸦：黄昏时的乌鸦。

[3] 古道：古老荒凉的道路。

[4] 西风：寒冷、萧瑟的秋风。

[5] 断肠人：形容伤心悲痛到极点的人，此处指漂泊天涯、极度忧伤的旅人。

马致远年轻时热衷功名，但由于元统治者实行民族高压政策，因而一直未能得志。他几乎一生都过着漂泊无定的生活，也因之而郁郁不得志，困窘潦倒。在独自漂泊的羁旅途中，他写下了这元曲。这首小令很短，一共只有五句二十八个字，全曲无一"秋"字，但却描绘出一幅凄凉动人的秋郊夕照图，并且准确地传达出旅人凄苦的心境。这首被赞为"秋思之祖"的成功曲作，从多方面体现了中国古典诗词曲艺的艺术特征。

【正宫】[1] 端正好[2]·碧云天

元·王实甫

碧云天，
黄花地[3]，
西风紧，
北雁南飞。
晓来谁染霜林醉[4]，
总是离人[5]泪。

【注释】

[1] 正宫：宫调名，元曲常用宫调之一。

[2] 端正好：曲牌名，套数首牌，曲调庄重、肃穆。

[3] "碧云天"两句：化用范仲淹《苏幕遮·怀旧》词句："碧云天，黄叶地。"

[4] 霜林醉：形容经霜的树叶像醉酒一样颜色发红。

[5] 离人：处于离别中的人。化用苏轼《水龙吟·次韵章质夫杨花词》词句："点点是，离人泪。"

此曲出自《西厢记》第四本第三折。《西厢记》是王实甫写于元代元贞、大德年间的杂剧。其中第四本第三折的主要情节是"长亭送别"。穷书生张君瑞和相国千金崔莺莺相爱，但门第不般配，遭到老夫人阻挠。他必须去考取功名，才能实现美满姻缘。临行，崔莺莺送他到十里长亭。这首《端正好》是崔莺莺在送别张君瑞时所唱的曲子。

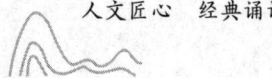

【中吕】[1]山坡羊·潼关[2]怀古

元·张养浩

峰峦如聚,波涛如怒,
山河表里潼关路。
望西都[3],意踌躇。
伤心秦汉经行处[4],
宫阙万间都做了土。
兴,百姓苦;
亡,百姓苦!

【注释】

[1]中吕:宫调名,元曲常用宫调之一。

[2]潼关:古关口名,在今陕西省渭南市潼关县,关城建在华山山腰,非常险要,为古代入陕门户,是历代的军事重地。

[3]西都:指长安(今陕西西安)。这是泛指秦汉以来在长安附近所建的都城。

[4]经行处:经过的地方,指秦汉故都遗址。

　　此曲抚今追昔,由历代王朝的兴衰引到人民百姓的苦难,表现了作者对历史的思索和对人民的同情。全曲采用层层深入的方式,由写景而怀古,再引发议论,将苍茫的景色、深沉的情感和精辟的议论三者完美结合,具有强烈的感染力,字里行间中充满着历史的沧桑感和时代感,既有怀古诗的特色,又有与众不同的沉郁风格。

水仙子·夜雨

元·徐再思

一声梧叶一声秋，
一点芭蕉一点愁，
三更归梦[1]三更后。
落灯花[2]，棋未收，
叹新丰[3]逆旅[4]淹留[5]。
枕上十年事，
江南[6]二老忧，
都到心头。

【注释】

[1] 归梦：回家的梦。

[2] 灯花：灯芯余烬结成的花形。杜甫《独酌成诗》："灯花何太喜，酒绿正相亲。"

[3] 新丰：地名，在今陕西省临潼东北。

[4] 逆旅：客舍。《唐书·马周传》记，唐人马周发迹之前，客居新丰，遭店主人冷遇。这里以马周自况，言旅途备受风霜、冷遇之苦。

[5] 淹留：滞留。

[6] 江南：指作者自己的家乡，即浙江嘉兴一带。

这是一首悲秋感怀之作，不但写伤秋的情怀，也包含了羁旅的哀怨，更有对父母的挂念。作者先写秋叶和秋雨勾起了心里的烦愁。梧桐落叶声声似乎提醒人秋天来了，雨点打在芭蕉叶上也仿佛都在人心上不停地增添愁怨。三更才勉强入眠，不过三更就又醒来，连一个好梦都没法做成。摆起棋盘，独自下棋消遣，灯花落尽，棋局仍未撤去。深叹客旅他乡，十年一觉黄粱梦，功名未成；父母留在家中，又未得回去服侍尽孝。这种种烦忧一齐涌上心头，让人愁思百结，感慨不已。

第五章

· 革命文化

中国的近代史充满了丧权辱国、落后挨打的屈辱，为了挽救国势，一批仁人志士陆续走出国门，探索救国道路。在浩浩荡荡的革命浪潮中，秋瑾、徐锡麟、柳亚子等志士积极投身革命运动，并创作了优秀的革命诗作，抒发革命志向，唤醒沉睡国民，激励同仁继续革命，鼓舞着后世有志青年奋勇前行。毛泽东同志既是伟大的革命家，又是杰出的诗人。在漫长的革命岁月中，他创作了大量优秀的诗词，这些诗词熔古今典故时事于一炉，想象奇特，意境阔大，反映了中国共产党和中国人民波澜壮阔的革命历程，抒发了浪漫豪放的革命情怀，堪称革命诗史。

革命年代的硝烟早已消散，然而革命精神的火炬仍需一代又一代人坚持传递。

第一节　近代先声

黄海舟中日人索句并见日俄战争地图

秋瑾

万里乘风去复来，
只身东海挟春雷[1]。
忍看图画移颜色[2]，
肯使江山付劫灰[3]。
浊酒不销忧国泪，
救时应仗出群才。
拼将十万头颅血，
须把乾坤力挽回。

【注释】

[1] 春雷：借指振聋发聩的革命道理。

[2] 图画：指地图。移颜色：指中国的领土被日俄帝国主义侵吞。

[3] 劫灰：指被战火破坏。

秋瑾是近代著名的革命家，也是中国女权和女学思想最早的倡导者之一。1904年，日俄两国为争夺中国东北地区，在中国的领土上开战，清政府对此竟视若无睹。秋瑾在前去日本求学的船上（一说是归国途中），见到日俄战争地图，愤慨之余，作诗明志。这首诗直抒胸臆，语言浅显明快，风格刚健豪放，饱含着忧国情思与救国抱负，感情热烈真挚，感人至深。

吊鉴湖秋女士（其一）

柳亚子

漫说天飞六月霜[1]，
珠沉玉碎不须伤[2]。
已拼侠骨成孤注，
赢得英名震万方。
碧血摧残酬祖国，
怒潮呜咽怨钱塘。
于祠岳庙中间路[3]，
留取荒坟葬女郎。

【注释】

[1] 漫说：甭说。
[2] 珠沉玉碎：喻秋瑾就义。
[3] 于祠岳庙：于祠即于谦祠堂，岳庙即岳飞庙，秋瑾墓位于西湖畔，恰在于谦祠、岳飞庙之间。

柳亚子是近代著名爱国诗人，清末曾组织爱国文学团体南社，其本人是南社中最活跃，成就、影响也最大的诗人。柳亚子的诗激越炽热，富有民主革命思想。1907年7月，秋瑾在绍兴就义，噩耗传来，柳亚子悲痛欲绝，为秋瑾赋诗四首，这首诗是其中一首。这首诗高度赞扬了秋瑾为国赴汤蹈火、不惜玉碎的革命精神。

出 塞

徐锡麟

军歌应唱大刀环[1],
誓灭胡奴出玉关[2]。
只解沙场为国死,
何须马革裹尸还。

【注释】

[1] 大刀环:战刀柄上有环,环和"还"谐音,所以用它隐喻胜利而还。

[2] 玉关:玉门关,这里借喻山海关。

> 徐锡麟是近代著名的革命家,清末革命团体光复会主要成员。1907年徐锡麟在安庆发动起义,不幸失败,英勇就义。1905年,徐锡麟曾游历中国边疆地区。这首《出塞》就是徐锡麟在饱览边塞景色时写下的作品。整首诗慷慨激昂,表达了作者献身革命、再造中华的强烈爱国主义情感。

自题小像

鲁迅

灵台无计逃神矢[1]，
风雨如磐（pán）暗故园[2]。
寄意寒星荃不察[3]，
我以我血荐轩辕[4]。

【注释】

[1] 灵台：喻清政权。神矢：指革命党人的武器。

[2] 风雨：喻指深重的灾难。磐：扁而厚的大石。

[3] 寄意寒星荃不察：化用《离骚》中"荃不察余之中情兮"，批判清政府压制民意，禁锢言论。

[4] 轩辕：即上古时期的黄帝。晚清民初，陶成章、章太炎等光复会人士认为黄帝是汉族的祖先，高举炎黄子孙的旗帜，进行排满革命。

《自题小像》这首诗作于鲁迅留学日本时期。据鲁迅好友许寿裳回忆，鲁迅在日本剪掉象征清王朝的辫子，留照纪念，并将这首诗题于照片背后赠予许寿裳。全诗澎湃着矢志救国的激越之情，鲁迅的一生也一直在实践着诗中的志愿，如许广平所说，"从他青年时期发出'我以我血荐轩辕'的宏愿开始，直到他停止最后呼吸的一秒钟为止，无时无刻不在进行着斗争，他的一生，发射着战斗的光芒"。

感 怀

宁调元

十年前是一重囚，
也逐欧风唱自由[1]。
复九世仇盟玉帛[2]，
提三尺剑奠金瓯[3]。
丈夫有志当如是，
竖子诚难足与谋。
愿播热潮高万丈，
雨飞不住注神州[3]。

【注释】

[1] 欧风：欧美自由学说。

[2] 九世仇：西周时，纪国国君进谗言令周天子杀掉齐哀公，此后历经九世，齐襄公灭纪国报仇。

[3] 金瓯：古代用金子制作的一类容器，常用来代称国土或比喻国家疆土的完整。

宁调元是晚清著名爱国诗人，曾加入同盟会，主编《帝国日报》，创办《民声日报》，批评时弊，宣传革命，为近代民主革命做出了不小贡献。1906年，宁调元从日本回国，此时他已受进步思想的洗礼，面对暮气沉沉的故国，作者赋诗明志，抒发革命情怀。1913年，宁调元在汉口秘密参加讨袁活动，事泄被捕，不幸遇难。

第二节　烈士悲歌

狱中诗

恽代英

浪迹江湖忆旧游，
故人生死各千秋，
已摈忧患寻常事，
留得豪情作楚囚。

恽代英（1895—1931），江苏武进人，曾任共青团中央宣传部部长兼《中国青年》主编，参加过南昌起义和广州起义，1930年年底在上海被捕，次年英勇就义。这首诗是作者在狱中所写，诗的尾句引用了春秋时期的典故：春秋时楚国人被晋国俘虏，但坚持戴着楚国样式的帽子，以表达对故国的怀念。作者借这一典故表达了自己坚定的革命信念.

革命精神歌

赵博生

先锋！先锋！

热血沸腾，

先烈为平等牺牲，

作人类解放救星。

侧耳远听，

宇宙充满饥饿声，

警醒先锋，

个人自由全牺牲。

我死国生，我死国荣。

身虽死精神长生，

成功成仁，实现大同。

赵博生（1897—1933），河北黄骅人，1931年加入中国共产党，同年12月，率国民党第二十六路军在宁都起义。之后赵博生任红军第五军团参谋长兼十四军军长，1933年在反"围剿"战斗中壮烈牺牲。这首《革命精神歌》是赵博生的代表作，整首诗洋溢着战斗的热情、革命的壮志，情感炽热，富有感染力。

就义诗

吉鸿昌

恨不抗日死，
留作今日羞。
国破尚如此，
我何惜此头。

　　吉鸿昌（1895—1934），河南扶沟人，曾任察绥民众抗日同盟军第二军军长，1934年11月被捕，英勇就义。这首诗据传是作者在刑场上用树枝在地上写就。全诗虽短，但充盈着作者拳拳爱国之心，以及不畏反动派的浩然正气。

渡江抒怀

赵一曼

誓志为国不为家,

涉江渡海走天涯。

男儿岂是全都好,

女子缘何分外差?

一世忠贞兴故国,

满腔热血沃中华。

白山黑水除敌寇,

笑看旌旗红似花。

赵一曼(1905—1936),抗日英雄,曾任东北人民革命军第三军一师二团政委。1935年在珠河与日军交战时不幸被俘,在受尽日本侵略者折磨后英勇就义。这首诗抒发了作者坚定的革命信仰和炽热的爱国情感,也表现了诗人的独立人格。尾句"白山黑水除敌寇,笑看旌旗红似花"慷慨激昂,令人读之不禁动容。

狱中诗

陈法轼

磊落生平事，

临刑无点愁。

壮怀犹未折，

热血拼将流。

慷慨为新鬼，

从容做死囚。

多情为此月，

再照雄心酬。

陈法轼（1905—1936），贵州贵阳人，中共党员，1941年被捕，次年遇害。这首诗是作者在狱中所作，因为作者一生光明磊落，襟怀坦荡，所以面对死亡，作者没有丝毫畏惧，也没有遗憾，可以"慷慨为新鬼，从容做死囚"。对于自己的理想和志愿，作者坚信终会有实现的一天。整首诗明白晓畅，大气磅礴，正气凛然。

我的"自白书"

陈 然

任脚下响着沉重的铁镣,

任你把皮鞭举得高高,

我不需要什么自白,

哪怕胸口对着带血的刺刀!

人,不能低下高贵的头,

只有怕死鬼才乞求"自由";

毒刑拷打算得了什么?

死亡也无法叫我开口!

对着死亡我放声大笑,

魔鬼的宫殿在笑声中动摇;

这就是我——一个共产党员的自白,

高唱凯歌埋葬蒋家王朝。

> 陈然(1923—1949),河北香河人,中共党员,曾任中共重庆市委领导的地下刊物《挺进》的特支书记。1948年陈然被捕,被关押在渣滓洞,1949年重庆解放前夕牺牲。陈然被捕后,在渣滓洞受尽国民党反动派的酷刑,但是他始终不曾背叛自己的信仰。这首诗是他在狱中给敌人写的"自白"书,实则是自己革命的宣言。作者在诗中嘲笑了反动派的丑恶嘴脸,彰显了一个共产党人的大无畏精神。

人文匠心　经典诵读

把牢底坐穿

何敬平

为了免除下一代的苦难，

我们愿——

愿把这牢底坐穿！

我们是天生的叛逆者，

我们要把这不合理的一切打翻！

今天，我们坐牢了，

坐牢又有什么稀罕？

为了免除下一代的苦难，

我们愿——

愿把这牢底坐穿！

何敬平（1918—1949），四川巴县人。1948年被捕，关押在重庆渣滓洞；1949年重庆解放前夕，在反动派的大屠杀中不幸牺牲。作者在被捕后，丝毫没有被反动派的酷刑吓倒，而是在狱中继续开展革命工作，与其余被关押的共产党员成立"铁窗诗社"，用笔和敌人作坚决斗争。这首《把牢底坐穿》在狱中被谱成歌曲，广为传唱。

第三节　领袖诗词

西江月·秋收起义

毛泽东

军叫工农革命,
旗号镰刀斧头。
匡庐[1]一带不停留,
要向潇湘[2]直进。

地主重重压迫,
农民个个同仇。
秋收时节暮云愁,
霹雳一声暴动。

【注释】

[1] 匡庐:庐山。
[2] 潇湘:潇水和湘水。潇水是湘江支流,位于湖南省南部。湘水即湘江。古人常以"潇湘"指代湖南。

1927年9月9日,毛泽东领导农民在湖南浏阳一带发动秋收起义,10月率军抵达湘赣边界的井冈山区。中国共产党从此走上武装夺取政权的革命道路。这首《西江月·秋收起义》用短短五十字,简洁明快地讲述了秋收起义的概况,歌颂了起义队伍的革命气势,抒发了作者豪迈的革命情怀。

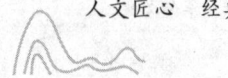

西江月·井冈山

毛泽东

山下旌旗在望,
山头鼓角相闻。
敌军围困万千重,
我自岿然不动[1]。

早已森严壁垒,
更加众志成城。
黄洋界[2]上炮声隆,
报道敌人宵遁。

【注释】

[1] 岿然不动:形容屹立坚固。

[2] 黄洋界:又名汪洋界、望洋界,位于井冈山区西北部,海拔1342米,两侧是深谷、峭壁,是井冈山哨口最险要的一个。

1928年8月30日,湖南、江西的反动派率围攻井冈山,红军在敌众我寡的态势下,凭借有利地势,奋勇抵抗,击退敌军,毛泽东在得知战争胜利的喜讯后,写下了这首《西江月·井冈山》。这首词描写生动,叙述凝练,巧用对比,从方位、声色、敌我等方面的对比强化主旨,使这首词洋溢着革命乐观主义精神。

清平乐·蒋桂战争

毛泽东

风云突变,
军阀重开战。
洒向人间都是怨,
一枕黄粱[1]再现。

红旗越过汀江[2],
直下龙岩上杭[3]。
收拾金瓯一片,
分田分地真忙。

【注释】

[1] 一枕黄粱:典出唐代传奇《枕中记》,这里借指军阀意图用武力霸占中国,统治人民只是黄粱美梦。

[2] 汀江:河流名,源出福建西部长汀县,故名汀江。1929年3月,红军占领长汀县。

[3] 龙岩、上杭:县名,均在福建省西南部。1929年,红军曾占领龙岩、上杭。

1929年3月至4月,以蒋介石为首的中央军和李宗仁为首的桂系军阀为争夺华中地区开战。同年秋天,蒋介石又与军阀冯玉祥开战。红军利用军阀混战的契机,由江西进入福建,开辟闽西革命根据地,并进行分田分地,约60万贫苦农民分得土地。整首词结构清晰,语言精当,对比突出,思想性和艺术性达到了高度统一。

采桑子·重阳

毛泽东

人生易老天难老,

岁岁重阳。

今又重阳,

战地黄花分外香。

一年一度秋风劲,

不似春光。

胜似春光,

寥廓江天万里霜。

1929年秋,毛泽东住在上杭临江楼养病。10月11日重阳节,病情逐渐好转的毛泽东登楼远眺,看到庭院中菊花盛开,汀江秋色如画,遂填词一阕。中国古典诗词自古就有悲秋传统,毛泽东反其道而行之,借黄花托物言志,抒发革命浪漫主义精神。在手法上,大胆重叠,层层递进,整首词势叠意不叠,情感奔放,意境高远。

如梦令·元旦

毛泽东

宁化、清流、归化,
路隘林深苔滑[1]。
今日向何方,
直指武夷山下[2]。
山上山下,
风展红旗如画。

【注释】

[1] 路隘林深苔滑：红军为甩掉敌人，选择人迹罕至、狭窄难行的山间小路。
[2] 武夷山：福建名山，为赣江与闽江分水岭，相传古神人武夷君居此而得名。

1929年年底，国民党调集福建、广东、江西三省兵力围剿闽西革命根据地。面对敌人，红四军兵分两路，毛泽东率红四军第二纵队经连城、清流、归化、宁化向西越过武夷山，进入江西，并于1930年1月18日同朱德在广昌会师，成功挫败国民党反动派的"围剿"。在行军途中，毛泽东写下这首词。整首词语言晓畅，节奏明快，展现了壮阔的红军行军画面。

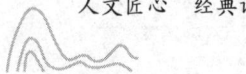

减字木兰花·广昌路上

毛泽东

漫天皆白,

雪里行军情更迫[1]。

头上高山,

风卷红旗过大关。

此行何去?

赣江风雪迷漫处[2]。

命令昨颁,

十万工农下吉安。

【注释】

[1] 情:敌情。

[2] 赣江:江西省最大的河流,由章水、贡水流到赣州市汇合而成,故名赣江。

　　1930年,红军曾先后九次攻打江西省吉安县。这首词写的是红军去攻打吉安途中路过广昌的情形。结构上,上、下阕都是前两句写雪景,突出环境的恶劣,战况的紧迫,后两句描写红军壮观的行军画面,展现红军不畏艰难的昂扬斗志。整首词由一幅幅动态的画面组成,其中"风卷红旗过大关""十万工农下吉安"尽显革命豪情。

蝶恋花·从汀州向长沙

毛泽东

六月天兵征腐恶[1],
万丈长缨要把鲲鹏缚[2]。
赣水那边红一角,
偏师借重黄公略[3]。

百万工农齐踊跃,
席卷江西直捣湘和鄂。
国际悲歌歌一曲,
狂飙为我从天落[4]。

【注释】

[1] 腐恶：腐朽凶恶的事物，指国民党反动派及地方军阀武装。

[2] 万丈长缨：长绳，《汉书·终军传》记载汉武帝派终军出使南越，招抚南越王，终军回答"愿受长缨，必羁南越王而致之阙下"。

[3] 借重：依靠他人的力量。

[4] 狂飙：急骤的狂风。

这首词描绘了红军在1930年间攻打长沙、武汉、南昌等大型城市的战况。由于受党内"左"倾冒险主义影响，红军尽管有"万丈长缨缚鲲鹏"的壮志、"百万工农齐踊跃"的气势，却在实际战斗中付出了较大的伤亡。毛泽东在词中赞誉红军英勇，也表达了对"左"倾冒险主义的不满。整首词最后以歌一曲国际悲歌结尾，充满无畏的战斗精神。

渔家傲·反第一次大"围剿"

毛泽东

万木霜天红烂漫?
天兵怒气冲霄汉[1]。
雾满龙冈千嶂暗[2],
齐声唤,
前头捉了张辉瓒。

二十万军重入赣,
风烟滚滚来天半。
唤起工农千百万,
同心干,
不周山下红旗乱[3]。

【注释】

[1] 天兵:指红军。霄汉:霄为高空,汉为银河。

[2] 龙冈:江西永丰南瑞的一个小镇。千嶂:形容险峻山岭极多。

[3] 不周山:《淮南子·天文训》中记载"昔者共工与颛顼争为帝,怒而触不周之山,天柱折,地维绝。天倾西北,故日月星辰移焉;地不满东南,故水潦尘埃归焉。"

1930年10月,蒋介石调集十万大军"围剿"中央革命根据地。红军采取"诱敌深入"的方针,将敌人逐个击破,并在龙岗战役中活捉"围剿"前线总指挥张辉瓒,彻底打破敌人的"围剿"。词的上阕是作者在龙冈大捷当晚写就的,描述了第一次反"围剿"的过程及胜利;下阕则是作者在听闻蒋介石筹划第二次"围剿"时后写下的,表达了红军不惧"围剿"、战则必胜的决心和斗志。

渔家傲·反第二次大"围剿"

毛泽东

白云山头云欲立[1]，
白云山下呼声急，
枯木朽株齐努力[2]。
枪林逼，
飞将军自重霄入[3]。

七百里驱十五日，
赣水苍茫闽山碧，
横扫千军如卷席。
有人泣，
为营步步嗟何及。

【注释】

[1] 白云山：位于江西吉安市东南，1931年5月16日毛泽东、朱德登上白云山指挥战斗，打响第二次反"围剿"的第一仗。云欲立：夏云集聚山顶，像要站立起来。

[2] 朽木枯株：《古典兵略·又地》中说"得其人，即枯木朽株皆可以为敌难"，词中指根据地全体军民，包括老弱妇孺都在齐心御敌。

[3] 飞将军，汉代名将李广，词中指英勇的红军战士。

1931年4月初，蒋介石调集二十万大军，再度"围剿"中央革命根据地。红军仍然采用诱敌深入、集中优势兵力、各个击破的策略，于5月下旬向东横扫，歼敌三万余人，缴获枪支两万余，取得第二次反"围剿"战役的胜利。这首词在描写上采取了点线结合的方法，上阕着力描写第二次反"围剿"头仗——白云山战斗的经过；下阕则大笔勾勒，短短二十余字概括了红军疾行千里击溃敌人的场景，展现了红军的赫赫军威。

清平乐·会昌

毛泽东

东方欲晓，
莫道君行早。
踏遍青山人未老，
风景这边独好。

会昌城外高峰，
颠连直接东溟[1]。
战士指看南粤[2]，
更加郁郁葱葱[3]。

【注释】

[1] 颠连：山峰一个连着一个，连绵不断。东溟：东海。毛泽东晚年曾回忆道："会昌有高山，天不亮我就去爬山。"

[2] 南粤：广东。

[3] 郁郁葱葱：草木青翠茂盛的样子。

1934年4月，毛泽东前往中央苏区南部的会昌指导革命工作，一日清晨，他带几个战士登上会昌城外的岚山岭，眺望南方，写下了这首词。诗人在自注中写道："一九三四年，形势危急，准备长征，心情又是郁闷的。"然而诗中"风景这边独好""更加郁郁葱葱"等句流露出诗人对革命前途的乐观精神。

十六字令三首

毛泽东

其一

山，快马加鞭未下鞍。
惊回首，离天三尺三[1]。

其二

山，倒海翻江卷巨澜[2]。
奔腾急，万马战犹酣。

其三

山，刺破青天锷未残[3]。
天欲堕，赖以拄其间[4]。

【注释】

[1] 离天三尺三：出自湖南民谣"上有骷髅山，下有八面山，离天三尺三。人过要低头，马过要下鞍。"

[2] 倒海翻江：山峰相连，高低起伏，好像倒海翻江时卷起的巨大波浪，滚滚翻腾。

[3] 刺破青天锷未残：险峻的山峰像一把宝剑刺破了天空，坚韧的剑峰没有残缺。

[4] 拄其间：支撑在天和地之间。

1934年10月10日晚，中共中央率领中央红军与机关人员八万六千余人，从瑞金出发，开始长征。毛泽东在长征途中陆续写下了三首词。三首词中的山各有特色，第一首巍峨高峻，第二首气势磅礴，第三首坚固挺拔。作者借词中的山颂扬长征中英勇无畏的红军。

忆秦娥·娄山关

毛泽东

西风烈,
长空雁叫霜晨月[1]。
霜晨月,
马蹄声碎[2],
喇叭声咽。

雄关漫道真如铁[3],
而今迈步从头越[4]。
从头越,
苍山如海,
残阳如血。

【注释】

[1] 霜晨月:清晨时霜花铺地,残月在天。

[2] 马蹄声碎:形容马蹄声繁杂、清脆错落。

[3] 雄关:娄山关。漫道:不要说。

[4] 从头越:重新跨过去。在第一次占领遵义时,为保障遵义会议顺利召开,红军占领娄山关。

1935年年初。红军曾两次攻占遵义,娄山关是遵义的重要关隘。红军占领娄山关后,毛泽东写下了这首词。全词以景语起,以景语终,沉郁悲壮,富有历史的厚重感和英雄史诗气息。

七律·长征

毛泽东

红军不怕远征难，
万水千山只等闲[1]。
五岭逶迤腾细浪[2]，
乌蒙磅礴走泥丸[3]。
金沙水拍云崖暖[4]，
大渡桥横铁索寒[5]。
更喜岷山千里雪[6]，
三军过后尽开颜。

【注释】

[1] 等闲：看得平常，不在话下。

[2] 五岭：横亘于赣湘粤桂的五座山岭。

[3] 乌蒙山：绵延在滇东北和黔西。

[4] 金沙江：长江上游自青海玉树至四川宜宾之间的一段江面，以产金沙得名。

[5] 大渡河：岷江支流，发源于青海、四川两省交界处的果洛山。

[6] 岷山：位于川、甘交界处，长达五百多公里，岷山的南支和北支有几十座山峰海拔超过4500米，山顶终年积雪，称为大雪山。

1935年10月，红一方面军到达陕西吴起镇，标志着中央红军长征取得胜利。毛泽东写下这首《七律·长征》。整首诗呈总分结构，首联"不怕"为全诗诗眼，第三至七句则对应"万水千山"，概述了红军走五岭、过乌蒙、巧渡金沙江、强渡大渡河、爬雪山等事件。尾句"三军过后尽开颜"对应首句"红军不怕远征难"，尽显英雄本色。

清平乐·六盘山[1]

毛泽东

天高云淡，
望断南飞雁[2]。
不到长城非好汉[3]，
屈指行程两万。

六盘山上高峰，
红旗漫卷西风。
今日长缨在手，
何时缚住苍龙[4]。

【注释】

[1] 六盘山：位于宁夏南部、甘肃东部，长约240千米，山路曲折盘旋，古代盘道六重始达峰顶，故名为六盘山。

[2] 望断：极目远望，一直望到看不见。雁：古代有飞雁传书的说法，这里指代留在南方进行游击战争的红军。

[3] 长城：既指万里长城，也指陕北根据地。

[4] 苍龙：指代敌人。

1935年9月，蒋介石调集二十万大军"围剿"陕甘宁根据地，并在六盘山一带设置封锁线，妄图阻止红军北上。10月，红军抵达六盘山下的青石嘴，歼灭当地守军，并翻越六盘山。毛泽东翻越六盘山时，心情愉悦，一边欣赏风景，一边与将士谈古论今，并写下这首词。整首词巧用典故，情景交融，意境高远，洋溢着胜利的喜悦和革命的激情。

七律·人民解放军占领南京

毛泽东

钟山风雨起苍黄[1],
百万雄师过大江。
虎踞龙盘今胜昔[2],
天翻地覆慨而慷。
宜将剩勇追穷寇,
不可沽名学霸王[3]。
天若有情天亦老,
人间正道是沧桑[4]。

【注释】

[1] 钟山:古称钟阜,即紫金山,位于南京城东北。
[2] 龙盘虎踞:晋张勃《吴录》载诸葛亮语:"钟山龙盘,石头虎踞,此帝王之宅。"
[3] 霸王:指西楚霸王项羽。
[4] 沧桑:沧海桑田,指自然和社会的变化。

> 这首诗是毛泽东最有名的诗词作品之一。全诗前半部分写解放军占领南京的史实,后半部分是关于解放军占领南京后下一步行动的指引。全诗气势磅礴,意境宏阔,蕴含着对历史发展规律的深邃认识。

附录·职业启航

职场几乎是每个成年人的必经之路,但对于学生而言,职场是陌生的,职业素养是缺乏的。为了帮助学生树立正确的就业观,快速转变角色,尽快融入职场。结合诵读教材的特点,本部分内容从敬业篇、奋斗篇、理想篇、质量篇、管理篇、文化篇和安全篇等方面,选取了大量名言和职场语录,便于学生朗读、记忆,内化于心。这就如同在学生心中种下一个种子,待到将来在职场生根、发芽!

敬业篇

1．敬事而信。

2．敬业乐群。

3．三百六十行，行行出状元。

4．百行业为先，万恶懒为首。

5．竭力做好一件事，实乃人生之首务。

6．凡职业没有不是神圣的，所以凡职业没有不是可敬的。

7．少说空话，多做工作，扎扎实实，埋头苦干。——邓小平

8．世上没有卑贱的职业，只有卑贱的人。——林肯

9．劳动是社会中每个人不可避免的义务。——卢梭

10．我知道什么是劳动：劳动是世界上一切欢乐和一切美好事情的源泉。——高尔基

11．不能爱哪行才干哪行，要干哪行爱哪行。——丘吉尔

12．我的人生哲学就是工作。——爱迪生

13．工作是一种乐趣时，生活是一种享受！工作是一种义务时，生活则是一种苦役。——高尔基

14．工作撵跑三个魔鬼：无聊、堕落和贫穷。——伏尔泰

15．我的生活原则是把工作变成乐趣，把乐趣变成工作。——艾伯乐

16．我的座右铭是：第一是诚实，第二是勤勉，第三是专注工作。——卡耐基

17．我对青年的劝告只用三句话就可概括，那就是，认真工作，更认真地工作，工作到底。——俾斯麦

18．神圣的工作在每个人的日常事务里，理想的前途在于一点一滴做起。——谢觉哉

19．人类一生的工作，精巧还是粗劣，都由他每个习惯所养成。——富克兰林

20．态度决定一切，细节决定成败。

奋斗篇

1. 功崇惟志，业广惟勤。——《尚书》
2. 坐这山，望那山，一事无成。
3. 尽吾志也，可以无悔矣，其孰能讥之乎？
4. 因自己的才能、境地，做一种劳作做到圆满，便是天地间第一等人。
5. 我可以接受失败，但绝对不能接受未曾奋斗过的自己。
6. 没有做不成的事，只有做不成事的人。
7. 忙于采集的蜜蜂，无暇在人前高谈阔论。
8. 首先要看得起自己，别人才会看得起你。
9. 要想脚印留得深，就别尽拣光滑舒适的路走。
10. 挫折其实就是迈向成功所应缴的学费。
11. 旁观者的姓名永远爬不到比赛的记分牌上。
12. 只有学会应对不公平，你才学会了生存。
13. 不要问别人为你做了什么，而要先问你为别人做了什么。
14. 驾驭命运的舵是奋斗。
15. 不为模糊不清的未来担忧，只为清清楚楚的现在努力。
16. 不为失败找借口，要为成功找方法。
17. 骐骥一跃，不能十步驽马十驾，功在不舍。
18. 全力以赴不一定能成功，不全力以赴就一定不能成功。
19. 机遇和努力是缺一不可的。机遇一定要抓住，而努力之后才可能有机遇。

理想篇

1. 而世之奇伟、瑰怪、非常之观，常在于险远，而人之所罕至焉，故非有志者不能至也。——王安石

2. 古之立大事者，不惟有超世之才，亦必有坚忍不拔之志。——苏轼

3. 成功的人可以无数次修改方法，但绝不轻易放弃目标；失败的人总是修改目标，就是不改变方法。

4. 只要朝着阳光，就不会看见阴影。

5. 任何的限制都是从内心开始的。

6. 生命最高的境界，就是选对舞台，尽情挥洒才华，走出自己的路。

7. 大多数人都想要改造世界，但却罕有人想改造自己。

8. 在职业发展的道路上，重要的不是你现在所处的位置，而是迈向下一步的方向。

9. 最初所拥有的只是梦想，以及毫无根据的自信而已，但是，所有的一切就从那里出发。

10. 高尚的理想并不因默默无闻而失去价值，自私的追求不因为大叫大嚷而伟大起来。

11. 风帆，不挂上桅杆，是一块无用的布；理想，不付诸行动，是虚无缥缈的雾。

12. 不要为任何人确定你的职业理想，你需要做的只是确定完全属于你的目标。

13. 观念决定思路，思路决定出路。

质量篇

1. 在新经济时代，什么是克敌制胜的法宝？第一是质量，第二是质量，第三还是质量。

2. 有缺陷的产品等于废品。

3. 建有质量文化的质量体系，创造有魅力、有灵魂的质量。

4. 未来的成功属于质量领先者的世纪。

5. 21世纪——质量领先者的世纪。

6. 铸造辉煌，唯有质量。

7. 品质的优劣比成本更重要。

8. 以质量求生存，以质量求发展，向质量要效益。

9. 以质量求生存，以改革求发展。

10. 品质合格是尽社会的义务，品质卓越是对社会的贡献。

11. 质量是成功的伙伴，贯标是质量的保障。

12. 品质——企业制胜的关键。

13. 质量存在于人类生存的一切地方。

14. 质量是信誉的保证，信誉是质量的体现。

15. 信誉来源于质量，质量来源于素质。

16. 日复一日，精益求精；年复一年，效益满赢。

17. 保证质量，是对社会的承诺。

18. 今日的质量，明日的市场。

19. 优质产品，是打开市场大门的金钥匙。

管理篇

1. 管理无小事：天下难事，必作于易；天下大事，必作于细。

2. 管理不是权力，管理是服务、责任。

3. 企业说到底就是用人，管理说到底就是借力。

4. 管理就是树立榜样。

6. "日事日毕，日清日高"的OEC管理模式，其含义是全方位地对每个人、每一天所做的每件事进行控制和清理，做到"日清日毕，日清日高"，每天的工作每天完成，而且每天的工作质量都提高一点。

7. 事前反复研究，慎之又慎；一旦做出决策，必须坚决执行，不容含糊。

8. 领导可以不知道下属的短处，却不能不知道下属的长处。

9. 若不能从根本着手，奢谈企业管理是没有用的。管理没有秘诀，只看肯不肯努力下功夫，凡事求其合理化，企业经营管理的理念应是追根究底，止于至善。

10. 现代企业管理的重大责任就在于谋求企业目标与个人目标两者的一致，两者越一致，管理效果就越好。

11. 所谓企业管理就是解决一连串关系密切的问题，必须有系统地予以解决，否则将会造成损失。

12. 好的企业一定有好的管理规范，但最能使员工感受到它巨大的、校正自己不合规范的约束力的，不是一本本规范，而是各级管理者的以身作则。

13. 卓有成效的管理者善于用人之长。

14. 当看到其他企业的发展时，人们往往只看到他们技术、营销的革新，却看不到管理上的先进。管理，要管人、管钱、管物，更要管思想、管理念、管方向。思想不明，理念不清，方向不对，也难成大业。

15. 管理就是沟通、沟通再沟通。

16. 人才是利润最高的商品，能够经营好人才的企业才是最终的大赢家。

理念篇

1. 没有一流的技工，就没有一流的产品。
2. 员工是企业最大的财富。
3. 合格的员工从严格遵守开始。
4. 优秀的职员：忠于公司、忠于职业、忠于人格。
5. 效益靠质量，质量靠技术，技术靠人才，人才靠教育。
6. 企业成功的秘诀在于对人才、产品、服务三项品质的坚持。
7. 世界上最无价的东西是人心，要赢得别人的心，只有拿自己的心去交换。
8. 盘活企业，首先盘活人。如果每个人的潜能发挥出来，每个人都是一个太平洋，都是一座喜马拉雅山，要多大有多大，要多深有多深，要多高有多高。
9. 求才，识才，容才，用才，培才，育才，护才，将才，"八才"。企业必须关心人、理解人、尊重人、爱护人，即把人当作"人"而非"非人"。
10. 企业强大难，保持长盛不衰更难；重要的不是个别人，一部分人，而是全体人员，即每一个细胞都充满活力才行。
11. 只有勇于承担责任，才能承担更大的责任。
12. 说了，不等于做了；做了，不等于做到位了。
13. 行动是成功的开始，等待是失败的源头。
14. 该做的事，要雷厉风行；在做的事，要精益求精；未做的事，要胸有成竹；已做的事，要开拓创新。
15. 素质究竟是什么？是一种自我的约束能力。
16. 尽职——是团队合作的基础！
17. 成就团队辉煌，助我人生成长！
18. 团队精神，是企业文化的核心。

安全篇

1. 生命至高无上,安全责任为天。
2. 只有防而不实,没有防不胜防。
3. 安全来自长期警惕,事故源于瞬间麻痹。
4. 安全是最大的节约,事故是最大的浪费。
5. 多看一眼,安全保险;多防一步,少出事故。
6. 警惕安全在,麻痹事故来。
7. 生产安全不管,企业效益玩完!
8. 落实一项措施,胜过十句口号。
9. 没有主人翁精神,可悲;没有安全意识,可恨。
10. 安全意识"得过且过",危险隐患"得寸进尺"。
11. 锁链最脆弱的一环,决定它的强度;安全最危险的一面,决定你的生命。
12. 只有紧绷安全意识的弦,才能弹出平安快乐的调。
13. 危火、危电、危操作,无危不在;细心、小心、责任心,齐心以待。
14. 我的安全我负责,别人安全我有责。
15. 安全知识要知道,劳保用品要戴好;上班工作多留神,平平安安最开心。

参考文献

［1］ 李鸣．声律启蒙［M］．北京：中华书局，2013．

［2］ 中华书局经典教育研究中心．三字经·百家姓·千字文·弟子规［M］．北京：中华书局，2019．

［3］ 朱用纯．朱子家训［M］．北京：中国少年儿童出版社，2017．

［4］ 田秉锷．毛泽东诗词鉴赏［M］．上海：上海三联书店，2018．

［5］ 徐四海．毛泽东诗词全编笺译［M］．北京：东方出版社，2017．

［6］ 竹内实．毛泽东的诗词、人生和思想［M］．北京：中国人民大学出版社，2012．

［7］ 李捷，于俊道．实录毛泽东2：崛起挽狂澜1927—1945［M］．北京：北京联合出版公司，2017．

［8］ 王毅．革命烈士诗歌选读［M］．北京：人民文学出版社，2012．

［9］ 余冠英．诗经选［M］．北京：中华书局，2012．

［10］ 顾青．唐诗三百首［M］．北京：中华书局，2016．